30分で読める

生成AI活用術

インテリぶってるゴリラ直伝!

吉田 健志
Yoshida Takeshi

中小企業が超簡単にAIを使う方法

三恵社

はじめに

「ＡＩの本を書いているぐらいだから、著者はさぞ、テクノロジーに精通した人なんだろうなあ……」


そのような感想を持って本書を手に取ったあなたに、まずお伝えしたいことがあります。

それは私が、エンジニアとしての能力がほとんどゼロである、ということです。

たしかに、私は「株式会社フルバリュー」を創業するまで、10年ほどＩＴ企業に勤めていました。

しかし、プログラミングを書くことはおろか、「吉田さんはエクセル関数壊すんで開かないでください」「土日にアビバでも通って勉強してください」などと言われる始末でした。

つまり、ＩＴスキルはほとんど持ち合わせていないのです。

「そんな人からＡＩを学ぶなんてあり得ない！」

そう思う方は、この本をそっと閉じて、本棚に戻してください。騙されなくてよかったですね（笑）

一方で、「じゃあこの人は何を語っているんだろう？」と興味が湧いてきた人は、ぜひこの先を読み進めてみてください。

もしかしたら、頭のいい技術者や専門家が書いた本とはちょっと違った視点から、ＡＩを捉えられるようになるかもしれませんよ。

申し遅れました。

あらためまして、株式会社フルバリューの代表をしている吉田健志と申します。

経歴としては、創業期のデジタルマーケティング会社にセールスチーム立ち上げから参画。トップセールスとして増収増益に貢献し、９年間で３００社以上のコンサルを実施してきました。

その後、中小企業のＡＩ活用に関する課題を解決するために、株式会社フルバリューを設立しています。

こう言うと、「やっぱりスゴい人なんだ！」と思うかもしれませんが、それは誤解です。事実、同僚からは「ただのインテリぶってるゴリラじゃん！」と言われていたように、ＩＴスキルは一般の人とほとんど変わりません。

では、なぜそんな私が本書を書いたのか。

それは「私でも使えたんだから、みんなにもきっと使えるよ！」と伝えたいから。それに尽きます。

というかむしろ、ＡＩはＩＴスキルがない人、それこそ子供にも使えるものだとお伝えすることが本書の目的なのです。

ガッカリしましたか？

それともワクワクしたでしょうか？

そもそもＡＩとは何か。

難しい定義はとりあえず置いといて、私が考えるＡＩの特徴は次の通りです。

・誰にでも使える！
・簡単に導入できる！
・圧倒的な効果をもたらす！

それらに加えて、「とりあえず使ってみることで、どんどん使えるようになる！」という点も強調しておきたいと思います。

これが私の考えるＡＩです。


漫画「キャプテン翼」に「ボールはともだち　こわくないよ」という言葉があります。主人公の大空翼が、シュートを怖がるゴールキーパーの森崎有三に言うセリフですね。

ＡＩについてもそのような姿勢で触れてみるのがコツです。

その瞬間から世界が変わります。

とくに私は、マーケティング予算が限られている中小企業こそ、ＡＩを使うことで大きな変革を実現することができると考えています。

ＡＩについて知らなくても大丈夫。ＩＴスキルがなくてもまったく問題ありません。一緒に楽しみながらＡＩに親しんでいきましょう。それこそ、唯一無二の友達のように……。

本書を通じて、一人でも多くの人が気軽にＡＩを使えるようになったとしたら、著者としてとても嬉しく思います。

株式会社フルバリュー
代表取締役社長　吉田健志

はじめに

序章 中小企業とAI活用

第１章 日本の中小企業はＡＩ活用が遅れている⁉

第2章 生成ＡＩとは何か

第3章 仕事が変わる！

第4章 生成AIの主な種類について

第5章 生成ＡＩを導入すると企業はどう変わるのか？

おわりに

序章

中小企業とＡＩ活用

ＩＴの知識がなくてもＡＩ活用はできる！

ＩＴやＡＩと聞くと、すぐに「難しい！」「自分には無理！」と反応してしまう人も多いと思います。

関連する書籍や雑誌、ネット記事などを読んでみても、専門用語ばかりで意味がわからないことがありますよね。

それがＡＩを使うハードルになっていることも多いです。

ですが、「はじめに」でもお伝えしたように、ＩＴやＡＩを「ボール」に置き換えてみるとどうでしょうか。

「ボールは友達！」のように、「ＩＴは友達！」「ＡＩは友達！」と考えてみると、少し視点が変わるのではないでしょうか。

体験することで見える景色があります。

難しい専門用語に惑わされる必要はありません。実際に使ってみることで、どんどん使えるようになるのがデジタルツールの特徴です。

事実、ＡＩを「自然言語でコンピューターとお話できるもの」と考えてみれば、グッとハードルが下がるのではないでしょうか。

普通に話ができる人であれば、ＡＩを使って、それこそ自然言語でコンピューターとコミュニケーションを取ることができる。

それがＡＩのチカラです。

だからＡＩはスゴいんですね。

難しい専門用語なんか全然必要なくて、そういうのがまったくない普通の人でも使えるのがＡＩの本質なのです。

業界の難しい用語に惑わされるな!

「でも、ちゃんとしたプロンプトを作らなければ機能してくれないんじゃ……」

そう思う方もいるかもしれません。

しかし、それは誤解です。

たしかにプロンプトは重要ですが、それすらも専門家が好んで使う用語ですし、むしろそのような専門用語に惑わされずに気軽に使ってみればいいのです。

使いながら「どんな言葉だとどう応えてくれるのか？」「どう使うともっと活用できるのか」を考えていけば、ＡＩをどんどん活用できるようになります。

つまり、ボールを蹴れば蹴るほど、思い通りにコントロールできるようになるのと同じですね。

繰り返しになりますが、大事なのは専門用語に惑わされないこと。ＩＴの知識がなくても、ＡＩを使うことはできるのです。

それは、私自身が証明しています。

エンジニアや専門家が持っているようなＩＴスキルがまったくない私でも、いまではＡＩを使いこなし、それを仕事にしています。

私が主に使っているツールについては、第四章で詳しく紹介していますが、皆さんにとって身近なものも含まれています。

このように、ＡＩを使うのに〝ＩＴオタク〟である必要はありません。

むしろ、小学生や中学生にように、積極的に「とにかく使ってみよう！」と思える人のほうが日常的にＡＩを活用しています。

コーディングもデザインのスキルもウェブリテラシーも、全部いりません。

変に敷居が高いように感じている人は、業界の専門用語に惑わされていないかどうかを、まずは疑ってみてください。

業界用語は「関西弁」みたいなもの

私は前職で、主にＳＥＯ対策の実装や実務を担ってきました。

ようはホームページから集客したいお客様に対し、検索エンジンで上位表示させるためのサポートをしていたわけです。

そのコンサルティングをするのがメインのお仕事でした。

お客様の多くはＩＴの素人どころか、むしろデジタル化に悩んでいるぐらいの方々なので、最初から自分たちでＳＥＯ対策をすることを諦めています。

それで「お願いします」と言われてサポートするのですが、やっていることと言えば、結局は検索エンジンとユーザーの意図を汲み、ニーズに合わせたサイトをページとして並べるだけです。

仕組みを知ってしまえば「そんなもんか」ということなのですが、ＩＴが苦手な人からすると、やれアルゴリズムがどうだとか、アップデートがどうだとか、専門用語に惑わされて「難しい！」「わからない！」となってしまいます。

それはまさに、ＡＩ導入で悩んでいる中小企業と同じですよね。

ＩＴ業界の人は、専門用語を使って自分たちの専門性を主張していたいだけです。言わばマウントですね。

中には、あえて自分たちがしていることをブラックボックス化して商売にしているケースもあるようですが、それはお客様のためになりません。

本来であれば、誰もが気軽に使えるように作られたツールを、できるだけ望ましい効果を生み出せるように導入のサポートをすることが、コンサルタントの仕事だと思います。

ですのでＩＴ業界の人と接するときに、彼らが専門用語を使っていたら「ああ、また〝関西弁〟が出ているな」と思うぐらいでいいのです。

難しく考えるのは今日でやめにしましょう。

コンピューターとの対話の歴史

これまでコンピューターとの対話は、時代の流れとともに、主に3つの方法で行われてきました。

最初は「プログラミング言語（コード）」です。

かつてコンピューターとの対話は、専門的なプログラミング言語を使用する必要がありました。

つまり、コンピューターが理解できる形式でコマンドを入力する方法です。そのため専門家でなければコンピューターと対話できないという欠点がありました。

次が「GUI（マウス）」です。

グラフィカル・ユーザー・インターフェース（GUI）の登場によって、私たちはマウスを使ってアイコンやメニューを操作できるようになりました。

これにより、直感的にコンピューターと対話できるようになったわけです。それでも、一定の操作方法や慣れは必要でした。

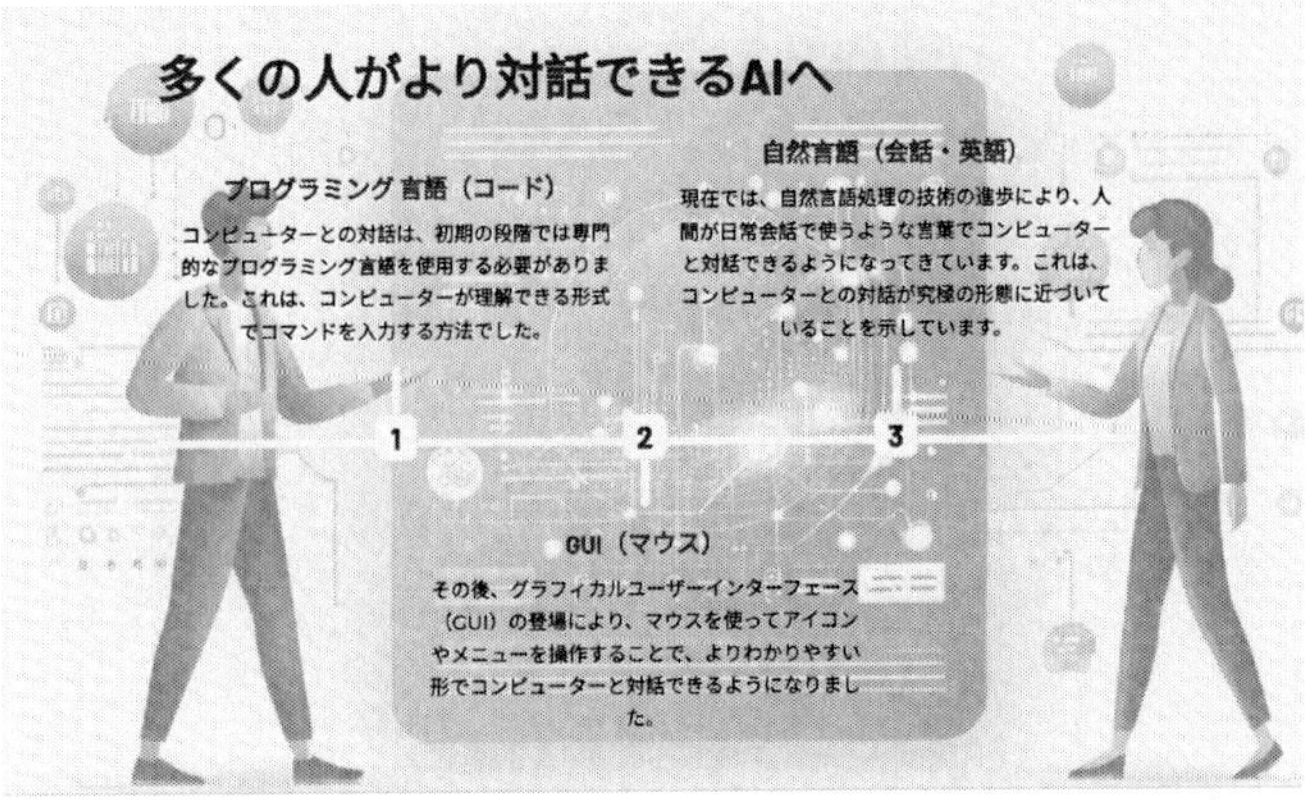

多くの人がより対話できるAIへ（株式会社フルバリュー研修教材より引用）

そこからさらに進化して「自然言語（会話・英語）」が使えるようになりました。

現在では、自然言語処理の技術が進歩したことにより、日常会話で使う言葉でコンピューターと対話できるようになったのです。

このことは、コンピューターとの対話が究極の形態に近づいていることを示しています。まさに、誰でもコンピューターと気軽に対話できる時代の到来です。

私が「ＡＩは誰にでも使える！」と言う根拠はここにあります。

知識に価値はない

中小企業の経営者の中には、情報の感度が非常に高く、最先端のテクノロジーにも詳しい人が少なくありません。

けれど、そのような人でも「ＡＩはまだうちには早い」「すぐには導入できない」と考えているケースが多いように思います。

なぜでしょうか？

忙しいふりをしているのか、ただ単に腰が重いのかわかりませんが、なにかと理由をつけて行動しない人がたくさんいます。

でも、よくよく考えてください。

これだけ情報が溢れている時代において、すでに「知識に価値なんかない」と思いませんか？

それよりもむしろ、経験にこそ価値があるのではないでしょうか。

ＡＩがディープラーニングをして情報を処理するだけでなく、画像や文章の生成などクリエイティブの領域にまで進化している以上、知っていることにはほとんどなんの価値もありません。

やはり人間にしか生み出せないこと、つまり体験や経験から生まれる価値を創造していかなければ、これからはビジネスとしても生き残れないと思います。

日本人の国民性

それでもＡＩの導入に前向きになれないあなたにとって、ハードルとなっているのは「なんとなくの不安」です。

「これまでにもそうしていたから」「そうしないと問題になったとき困るから」など、私たちの周りには目に見えない不安があります。

でも、本当にそうなのでしょうか？

例えば、会議の議事録を作成するのにも、ＡＩが搭載されたツールを活用すれば、その場にいる必要さえありません。

なのに、「その場にいないと怒られるから」「ずっとそうしてきたから」という理由で、無駄な時間を過ごすのは非効率ではありませんか？

どうも日本人には、そのような慣習に対する盲信と、それを曲げることへの恐れがあるようです。そしてそれが、生産性を下げる要因になっていると思うのです。

たしかに日本人は失敗する人を揶揄する傾向にありますが、まだそんなダサいことを続けますか？

日本人の良さが、そういうマイナスの慣習やそうした抑圧から生まれる「ねちっこさ」に阻害されていていいのでしょうか。

「だから日本人はダサいんだ」と私はいいたいです。

本当の良さを消してしまうような部分が、日本にはたくさんあります。

日本の良さを取り戻すために

「ビジネスの現場ではちゃんとした格好をしなければならない」というのもそうです。日本人は、周りの目を過度に気にする国民性があると思います。

アメリカでは、投資家に対して行う「ピッチ」などでもジーンズやキャップなどを着て、何千億も稼いでいる社長がペラペラ喋っていますよね。

そこには格好を気にすることに対して、「そんなしょうもないこと言うなら出てけ！」という雰囲気があります。それがキホンのメンタルなんです。

しかし日本人は、周囲の目を気にすることに加えて、失敗に対する恐れもありますよね。セキュリティリスクなどはその最たるものです。

それが生成ＡＩ導入状況における、大きな差となって表れています。

さらに悪いことに、日本の学校では「ChatGPTを使わないでください」という流れもあるように、仕様を禁止する割合が他国に比べて多いようです。

そういうところでも、ＡＩ活用の差が広がっているのです。

極端な話、中小企業の多くは、ＡＩを「何かよくわからない宇宙のテクノロジーだから使ってはいけない」と考え、禁止しているように思います。

でもそれは、「ＩＴ」とか「スマホ」に変えてみると愚の骨頂だとわかりますよね。

むしろ「いつまで同じことを繰り返すんだろう」というのが、率直なところです。その流れを、私は変えたいと考えています。

まだAIを使い始めないでください

最後に、ここで私と約束してください。

それは、本書の最後にある文章（「おわりに」）を読み終えるまで、ＡＩを使い始めないということです。

もし本書をすべて読む前にＡＩを使ってしまうと、あなたにかけた魔法が解けてしまいます（笑）

それは冗談ですが、ＡＩのスゴさが腹落ちしていない状態だと、「やっぱりＡＩは難しい」「自分には使いこなせない」と断念してしまう恐れがあるのです。

もちろんＡＩを使うのは本当にカンタンなのですが、一方で、ＡＩを社内に導入して使い続けるには、それなりの継続力が求められます。

継続力とはつまり、「困難が生じても踏ん張って使い続けよう思える力」のことですね。

たとえば、ＡＩを導入することですぐに得られる効果もあれば、会社の変革という大きな成果はなかなか実現できないかもしれません。

そのようなときでもＡＩを信じて使い続けること。継続できる人だけが、大きな変革へと至ることができます。

中途半端な理解のままだと、その継続力が不十分である可能性があります。

ですので、まずは本書を最後まで読んでみてください（大変ですが。。）。

焦る必要はありません。ＡＩはいつでも、あなたの側にいて、あなたが来るのを待っています。

第1章

日本の中小企業は AI活用が遅れている!?

第一章では、ＡＩ（人工知能）の活用が進んでいない日本の現状について見ていきます。まずは、日本がどのくらい生成ＡＩの活用が遅れているのかについて、世界各国の状況と比較しながらチェックしていきましょう。

経営コンサルティングファームのボストンコンサルティンググループは、２０１８年12月、人工知能（ＡＩ）の導入状況に関する調査結果（レポート）をまとめました。対象は、アメリカ、中国、ドイツ、フランス、スイス、オーストラリア、それに日本を加えた7カ国です。

同レポートでは、「一部の業務をＡＩに置き換えている」ないしは「一部の業務でＡＩのパイロット運転を行っている」のいずれかに該当し、かつ自社のＡＩ導入を「概ね成功している」と評価した企業を「ＡＩアクティブ・プレイヤー」と定義しています。

つまりＡＩアクティブ・プレイヤーとは、簡単に言うと、「ＡＩ導入に成功している（と会社側でも認識している）企業」のことですね。

そのＡＩアクティブ・プレイヤーの割合を国別に見ると、次のようになりました。

最も多いのは中国で85％と圧倒的です。次いでアメリカの51％、フランスとドイツが49％、

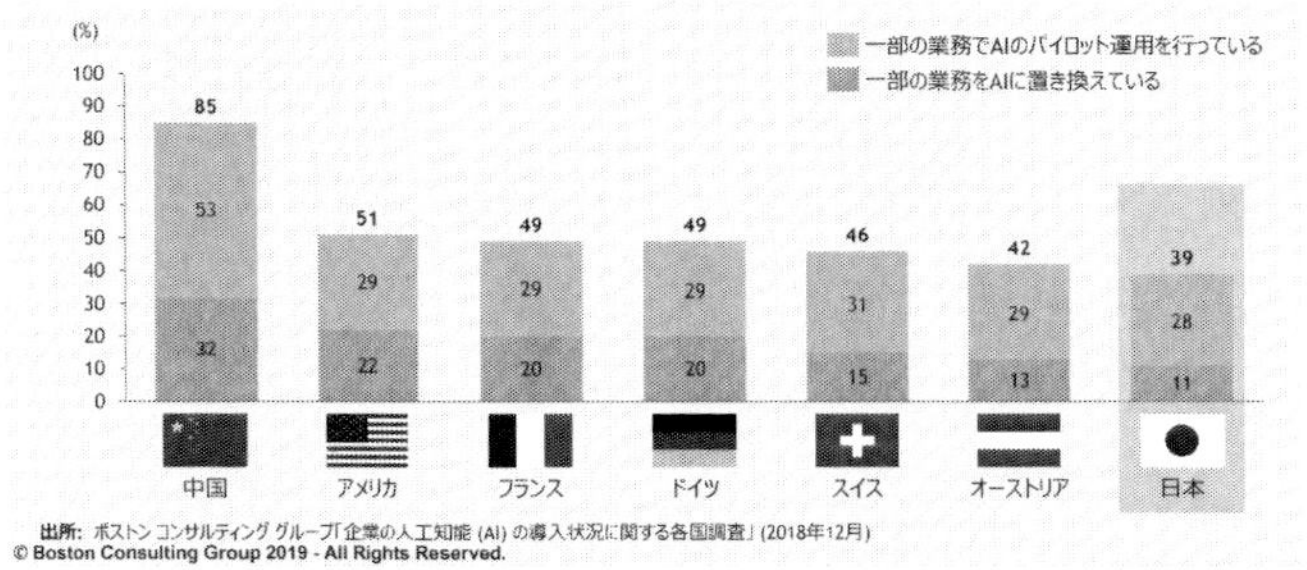

AIアクティブ・プレイヤーの国別の割合（ボストン コンサルティング グループ資料「企業の人工知能（AI）の導入状況に関する各国調査」2019年2月より引用）

スイスが46％、オーストラリアが42％となっています。

このうち日本に関しては39％と唯一40％代を下回っており、7カ国中最下位となりました。

このように、日本は他国と比べてＡＩの導入が遅れているのが実情です。数字の上からもそれは明らかでしょう。

では、産業別に見るとどうでしょうか。

一部を除いて、他国においては様々な産業でＡＩ導入が進みつつあることがわかります。

一方で日本は、産業ごとにバラツキがあるようです。

例えば「テクノロジー／メディア／通信」においては60％を記録していますが、次に多い「金融機関」で42％、その他はいずれも30％代以下となっており、「ヘルスケア」に至っては23％と非常に低い水準であることがわかります。

このように日本では、ＩＴとの親和性がある企業にお

	中国	アメリカ	フランス	ドイツ	スイス	オーストリア	日本	
消費者向け産業	84%	41%	57%	39%	65%	32%	35%	50%
エネルギー	86%	73%	48%	50%	n.a.	67%	38%	67%
金融機関	86%	61%	45%	34%	67%	22%	42%	52%
ヘルスケア	83%	49%	51%	43%	38%	33%	23%	49%
産業財	83%	49%	43%	60%	35%	44%	32%	55%
テクノロジー/メディア/通信	89%	65%	63%	64%	43%	67%	60%	71%
計	85%	51%	49%	49%	46%	42%	39%	55%

出所：ボストン コンサルティング グループ「企業の人工知能（AI）の導入状況に関する各国調査」（2018年12月）

各国のAIアクティブ・プレイヤーの産業別の割合（ボストン コンサルティング グループ資料「企業の人工知能（AI）の導入状況に関する各国調査」2019年2月より引用）

いてはＡＩの導入が全体の6割で進んでいるものの、その他の業界ではいずれも低水準にとどまっているのがわかります。これが日本におけるＡＩ導入の実態です。

私たちはまず、この現実をきちんと認識することからスタートする必要があるのではないでしょうか。

そしてそれは、とくにテクノロジーの分野で世界に後塵を拝してきた過去の歴史と合わせて、理解する必要があると思います。

日本でＡＩ活用が進まない理由

では、なぜ日本ではＡＩの導入が進んでいないのでしょうか？　いくつか理由があると思いますが、考えられる主なものを挙げてみましょう。

1 AIに関するリテラシーが低い

最も大きな問題としては、「AIに関するリテラシーが低い」ことが挙げられます。リテラシーとはつまり、その分野に関する知識や能力のことですね。

もともと日本企業の多くは、お世辞にも、テクノロジーの導入に積極的であったとは言えません。むしろ、昔ながらの技術や環境を重視し続けてきたふしがあります。

そのことは、IT企業を除くほとんどの中小企業に言えることだと思います。私自身、いろいろな現場で、テクノロジーの導入を躊躇する経営者や現場を見てきました。

もちろん技術力が高いことは素晴らしいと思います。かつて日本が「ものづくり」で発展してきたのは事実ですし、職人的な技術が日本を支えてきたことも確かです。

しかし、時代の流れに応じて、いち早く新しいテクノロジーを取り入れることも、同時に必要なことではないでしょうか。

積極的に導入し、使いながら学び、活用度合いを高めていくことで、テクノロジーに対するリテラシーも高くなるからです。

一方、実際に使ってみなければそれについての知識も深まらず、技術者も育ちません。当然、ノウハウも蓄積されないままです。

その結果、日本はＩＴ技術で世界に遅れをとり、世界を席巻する企業の多くがアメリカの「ＧＡＦＡＭ（Google, Apple, Facebook, Amazon, Microsoft）」や中国の「ＢＡＴＨ（Baidu／百度、Alibaba／阿里巴巴、Tencent／騰訊、HUAWEI／華為）」など、他国から生まれているのが実情です。

そうしたことがＡＩ分野でも起きているのです。

2 技術力が低く、技術者も育っていない（人材がいない）

「技術者が低く、技術者も育っていない」ことについてです。

これはＡＩに関するリテラシーが低いこととも関連しているのですが、各企業がテクノロジーの導入に後ろ向きだからこそ、技術も人も養われにくい状況があります。

すでに述べているように、最先端のテクノロジーは「実際に使ってみてわかる」ことも多いのです。

ですが、リスクを恐れて導入しないままだと、知識や経験も蓄積されず、同時に技術者が養われることもありません。

映画にもなったのでご存知の方もいるかもしれませんが、過去には「Ｗｉｎｎｙ事件」のようなこともありました。

ファイル共有ソフト「Ｗｉｎｎｙ」の開発者である天才プログラマーの金子勇氏が、２００４年に著作権法違反の疑いで逮捕・起訴され、２０１１年に無罪判決を勝ち取るまでの経緯のことです。

ツールを悪用したユーザーの責任が開発者にあると疑われてしまう状況は、まさに日本全体におけるテクノロジーへの意識を表しているとも言えそうです。

そうした状況では、テクノロジーに関する技術力も向上しませんし、技術者も育ちようがありません。

ＡＩ分野においても、関連する論文や特許の数で比較してみると、中国やアメリカだけでなくインドや韓国にも遅れをとっているのがわかるかと思います。

現場にはびこる問題点とは？

日本でＡＩ活用が進まない理由として、少し視点を変えて、日本企業の構造的な問題についても触れておきたいと思います。

「はじめに」でも書きましたが、もともと私はプロのエンジニアというわけではなく、コードを書いたりプログラミング言語を操ったりすることもできません。

当然、技術者としての知識も豊富ではなく、本書をお読みいただいている読者の方と、技術力や知識はそれほど変わらないと思います。

そんな私でも、前職（ＩＴ企業）では同社のナンバー2をしていたというのですから、いま考えるとちょっと不思議な気もします。

ですが、よくよく振り返ってみると、あながち不思議とも言えない要素があることがわかってきました。

その要素とは、多くの会社では、テクノロジーの導入に関してはるかに悪い〝状況〟にある、ということです。

この場合の〝状況〟とはつまり、会社が新しいテクノロジーを受け入れる体制にあるかどうか、ということですね。

言い換えると、テクノロジーに関する許容度と表現できるかもしれません。

私の場合、勤めていた会社がＩＴ企業だったこともあり、最先端のテクノロジーを受け入れるハードルはそれほど高くなかったと思います。

だからこそ、プロのエンジニアが有しているような知識や経験がなくても、新しいツールを積極的に活用する姿勢があれば、ＩＴ企業で活躍することは可能だったのです。


一方で、ほとんどの中小企業では、最先端のテクノロジーを受け入れるどころか、それを導入することに対する（可視・不可視の）反発が非常に大きいように思います。

つまり、「そんなもの導入して、もし○○になったらどうするんだ！」「誰が責任とるんだ！」という〝圧〟ですね。

その〝圧〟のせいで、多くの人は、テクノロジーを活用して生産性や効率を高めようとするよりも、何も変えずに今まで通り無難に仕事をこなす方向に向いているのだと思います。

それはまさに、日本の、とくにＩＴ業界を除く中小企業の構造的な問題と言えるのではないでしょうか。

そうした現場にはびこる問題点が根強く残っている状態では、ＡＩ活用が進まないのも無理はないと思います。

ＡＩを活用しないとどうなってしまうのか？

ここまでのお話をまとめると、

- 日本ではＡＩの活用が（他国に比べて）進んでいない
- そしてそこには、どうやら構造的な問題が潜んでいると思われる
- ＡＩを導入するには何かを変えなければならない……

といった内容になるかと思います。

日本社会、とくに日本の中小企業が抱えている問題点と課題について、なんとなくご理解いただけましたでしょうか？

ただ、そうは言っても、いきなり「よし、それじゃあ自分が会社を変えてやろう！」と考えるのはムリがあります。

会社や組織全体を変えるには、まず、周囲の人を説得しなければなりません。社長であれば幹部や社員たちを、社員であれば上司や経営者を説得する必要があるのです。説得がなければ納得もありません。納得がなければ、ＡＩを導入しても活用には至らない可能性があります。

もちろん、とくに生成ＡＩには実際に使用することで直感的にその良さや有用性、あるいは効果などもわかるのが特徴ですが、その前段階で理論武装しておくことも大切だと思います。

さて、説得の方法は様々ですが、ポイントは大きく二つに絞れるかと思います。具体的には次の通りです。

1．AIを導入しないことによる〝恐怖〟を煽る：ネガティブアプローチ
2．AIを導入することによる明るい未来を示す：ポジティブアプローチ

1番目は、恐怖というマイナスの感情を煽ることで、「AIを導入しなくちゃ！」という気分を高めます。いわゆる「ネガティブアプローチ」です。

一方で2番目は、明るい未来というプラスの感情によってAIの導入を訴求する方法です。「ポジティブアプローチ」と表現しても良いでしょう。

本書では、それらの両面から社員（社長）を説得するための材料を提供していきます。それは同時に、あなた自身がAIの必要性を理解（腹落ち）するための知識でもあります。

例えば、企業はAIを活用しないと企業はどうなってしまうのでしょうか？　少し先の未来を想像してみましょう。

すでに私たちの生活には、AIが搭載された機器やウェブサービス、あるいはツールが増え続けています。

一例を挙げると、インターネット上のウェブサービス（詳しい内容は後述します）はもちろんのこと、身近なところでは自動車や掃除用ロボット、さらには家電製品の冷蔵庫、エ

アコン、洗濯機、電子レンジなど、使用例は多岐にわたります。

あるいは私たちの暮らしをサポートするものとして、検索、顔認証、翻訳、トレーニングなど、様々なシーンでＡＩはすでに活用されているのです。

とくにウェブサービスやその関連ツールにおいては、毎日たくさんのものが提供されており、その流れは今後も加速していくものと考えられます。

やがてＡＩが、私たちの暮らしや仕事の大部分をカバーする時代も近いかもしれません。

それほどまでに、ＡＩは加速度的に進化・浸透しているのです。

それでもまだ、ＡＩの導入に躊躇しますか？

おそらく、企業単位でＡＩの活用を進めなくても、いずれ社会の至るところにＡＩが搭載されていくと思います。

そのとき、仕事でＡＩを使い慣れてこなかったことは、その恩恵を受けられないどころか、むしろ〝置いていかれる〟ことになると言えるでしょう。

「2025年の崖」と「2040年問題」

ＡＩ活用をはじめとするＤＸ（デジタル・トランスフォーメーション）の波は、私たちの暮らしを大きく変えようとしています。

そのうち、とくにビジネスや経済に関連する事柄として、ここでは「2025年の崖」と「2040年問題」に触れておきたいと思います。

「2025年の崖」

2025年の崖とは、日本企業がＡＩを含むＤＸ（デジタル・トランスフォーメーション）を推進できず、既存のシステムを使い続けた場合、大きな経済損失が生じるとする予測のことです。

2018年に経済産業省が発表した「ＤＸレポート～ＩＴシステム『2025年の崖』克服とＤＸの本格的な展開～」で示されています。

具体的な内容としては、2025年以降、企業がＤＸに対応できず既存のシステムに依存していると、年間最大12兆円の経済損失が発生すると報告されています。12兆円という損失額は、現在の3倍です（つまり現在も損失は発生しているわけで、そこに日本企業の問題があります）。

理由としては、既存のシステムが複雑化・老朽化・ブラックボックス化しており、2025年までにそれらのサポートが終了したり使える人材が引退したりなどが主なものとされています。

ちなみに同レポートでは、IDC japanの言葉を用いて「DX」を次のように定義しています。

「企業が外部エコシステム（顧客、市場）の破壊的な変化に対応しつつ、内部エコシステム（組織、文化、従業員）の変革を牽引しながら、第3のプラットフォーム（クラウド、モビリティ、ビッグデータ／アナリティクス、ソーシャル技術）を利用して、新しい製品やサービス、新しいビジネス・モデルを通して、ネットとリアルの両面での顧客エクスペリエンスの変革を図ることで価値を創出し、競争上の優位性を確立すること」

よくわかりませんね。わからなくても大丈夫です。

とりあえず、「最先端のテクノロジーを積極的に活用して事業を進めていかなければいろいろヤバそうだ！」くらいの理解で十分でしょう。

とくに本書では、「中でもＡＩの活用が不可欠！」とだけ述べておきたいと思います。

「2040年問題」

２０４０年問題とは、２０４０年代にいわゆる「団塊ジュニア（１９７０年代前半生まれの人）」世代が高齢者になることで、様々な問題が生じるとされる予測のことです。

「２０２５年の崖」とともにその内容はかなりネガティブで、主に次のような問題が発生するとされています。

・高齢化の進行によって社会保障制度を維持できなくなる
・労働力人口が不足する
・国民の負担が増える
・公共施設やインフラが老朽化する

・各種自治体の財政状況が悪化する
・空き家が増える

これらの中にはすでに進行している問題もあります。重要なのはそれらがより深刻化するということですね。

具体的な数字で見ると、高齢者の割合は全人口の約35％になり、出生数は２０２３年の段階ですでに70万人弱と右肩下がりになっているため、今後も減り続けると予想されます。

また、社会保障給付費は２０４０年に１９０兆円に達し、２０２３年度の１３４兆円と比較しても約11・４倍に増加するとされています。

それらに加えて、労働人口が減り、生産性が下がり、地方は過疎化が進み、さらに世代間格差も広がるなど、課題は山積みです。

もちろん企業としても他人事ではなく、人材の確保が難しくなったり生産性の低下という課題に対処する必要があったりなど、先行きは決して明るくない状況です。

日本政府の動きについて

ＤＸへの対応やＡＩの活用が進まない現状は、企業だけの問題ではなく、社会全体の課題として捉える必要があります。

その根拠として、ＡＩ活用は、企業だけでなく日本を含む各国も様々な活動を展開しています。

それはすなわち、ＡＩの活用が今後の社会にとって不可欠であるということを示唆しています。

例えば、令和4年4月にに内閣府科学技術・イノベーション推進事務局が発表した「ＡＩ戦略２０２２」を見てみましょう。

このうちとくに注目すべきなのは、ＡＩ技術を巡る国内外の情勢変化についてです。前提として「ＡＩ技術は「国家安全保障」「民主主義保全」など社会の根本機能維持の必須技術に」なっていると示されており、具体的には、主要各国で次のような動きが見てとれます。

・米国

国家安全保障の観点から、ＡＩ政策の抜本的見直し、予算強化

（２０２６年までにＡＩ予算（非国防）を年間３２０億ドルに）

・中国

軍の戦略能力向上のため、機械化や情報化に加え、ＡＩを活用する「智能化」を加速

（２０２１年３月 新５か年計画（２０２１－25年）発表）

・欧州

「ＡＩ利用に関する包括規制案」公表（２０２１年４月）

（ＥＵ域内で使用されるＡＩシステムを対象、〝禁止システム〟、〝高リスクシステム〟等４段階に分類。違反すれば最高３０００万ユーロ等の罰金）

日本国内においても、「社会・経済システムの変革」や「大規模災害やパンデミックへの

備え」などのシーンでＡＩの活用を進めているようです。

その他、教育、研究開発体制の構築、さらにはスマート農業からコンテナ物流まで、国のＡＩ戦略が進められているとされています。

こうした状況を総括して、今後は「国内外の情勢や技術動向を踏まえ、大きな価値の創出につながるＡＩの社会実装の促進等に向けた戦略（新たな目標設定等）が必要」と結論付けています。

具体的な取り組みとしては

・ＡＩの信頼性の向上
・ＡＩの利活用を支えるデータの充実
・人材確保等の追加的な環境整備
・政府におけるＡＩ利活用の促進
・日本が強みを有する分野とＡＩの融合

などが挙げられています。

いかがでしょうか。

こうした国の積極的な動きは、ＡＩの社内への導入に向けたポジティブな理由づけになると思います。

生成ＡＩの可能性が中小企業にもたらすもの

次に、ＡＩの活用が個別企業にもたらすメリットについて、簡単に述べておきましょう。

ＡＩの中でも、いわゆる「生成ＡＩ」と呼ばれる分野のツールやサービスには、企業にとって大きなインパクトをもたらす可能性があります。

と言うよりも、実際にはすでに様々な影響が生じており、経営やビジネスのあり方、あるいは仕事の方法にまで変化が生じてきています。

そうした変化の具体的な中身については第三章で詳しく紹介していますが、ここで少しだけ紹介しておくと、主に次のようなものが挙げられます。

・生産性の向上
・業務の効率化
・人手不足の解消
・新たな事業の創出
・クリエイティブ業務への特化

では、なぜこうした変化が起きるのでしょうか？

その理由は、生成ＡＩが持つ性質にあります。

そもそも生成ＡＩとは「Generative AI：ジェネレーティブＡＩ」とも表現されているもので、各種のコンテンツを生成できるＡＩのことです。

ジェネレーティブとは、「生成力がある」「生成的な」という意味ですね。

従来のＡＩは、学習済みのデータから適切なものを引き出して回答するのが主流でした。

一方で生成ＡＩは、自ら創造性を発揮してコンテンツを生み出せる点に大きな違いがあります。

つまり、ゼロからコンテンツを創造できるのがポイントというわけです。

すでにご存知の方も多いと思いますが、生成ＡＩの先駆者であるOpenAIの「ChatGPT」は、人間のように自然な会話ができます。

それにより、私たちとコンピューターの距離は縮まっており、彼らに対する指示がより一般化しています。

かつてのようにプログラミング言語を使用することなく、あるいはマウスの操作でもなく、自然な言語でコンピューターにこちらの意思を伝えられること。そしてコンピューターは、自ら創造性を発揮してそれに応えてくれることが何よりも画期的です。

そうした仕組みからもたらされるのが、生産性の向上や業務の効率化など、普段の生活からビジネスシーンまで幅広く応用可能な効果というわけです。

ＡＩ導入における今後の課題まとめ

このように多大な可能性を秘めたＡＩなのですが、導入にはまだまだ課題があります。

そのうち最も大きいものとしては、「ＡＩについての正しい理解をいかに促していくか」ということが挙げられます。

とくに（ＩＴ企業を除く）日本の中小企業には、ＡＩを積極的に活用していこうとする姿勢が乏しい状況にあります。

そのことについては、本章でも様々な角度から見てきました。

私自身としては、「難しいことは考えずにとにかく使ってみよう！」「使ってみればその良さがわかるから！」という立場なのですが、そうは言っても、理解と実践は切り離せない部分もあります。

とくに企業の場合は、「実践（実装）→理解」というよりは、「理解（説得）→実践」という流れが一般的かと思います。

だからこそ、いかに理解を促すのかが課題になるわけですね。

本書の目的もまさにその点にあります。

重要なのは、ＡＩを活用した未来をきちんと提示していくこと。それも、ポジティブ・ネガティブの両面から示していくことだと思います。

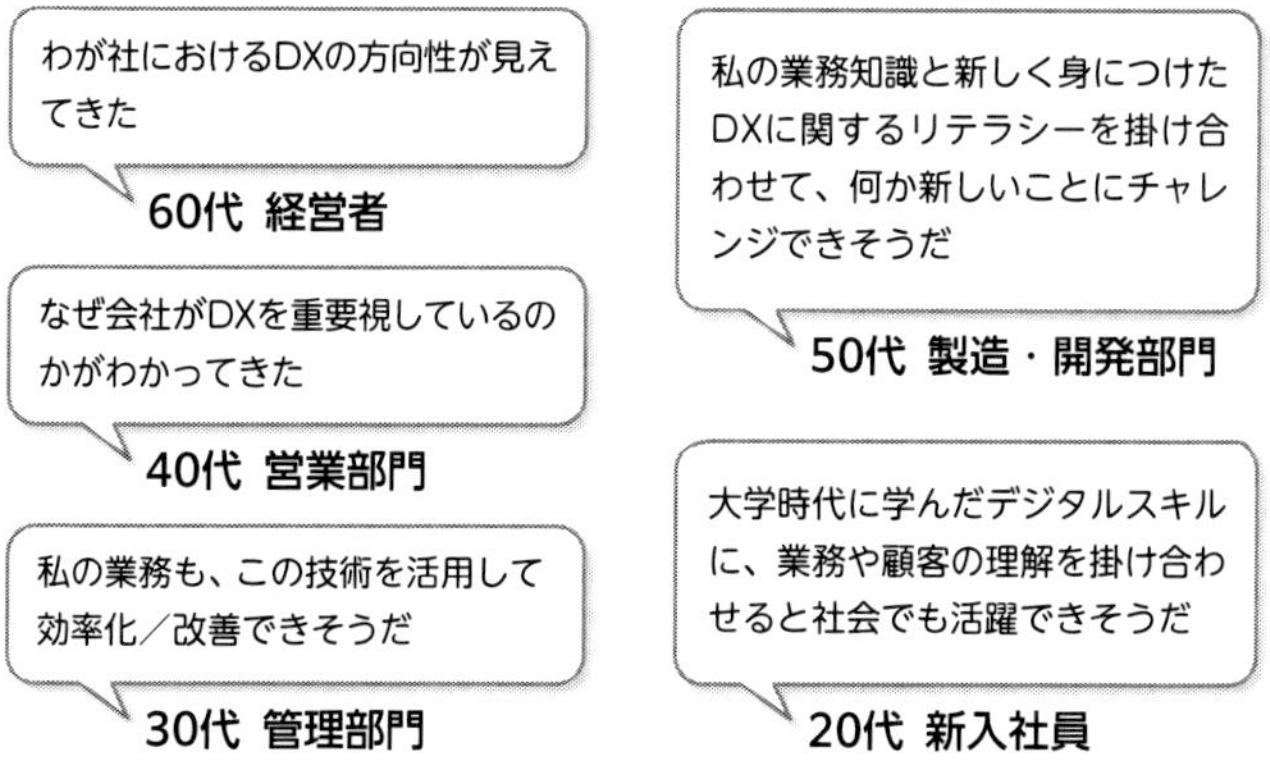
わが社におけるDXの方向性が見えてきた
60代 経営者
なぜ会社がDXを重要視しているのかがわかってきた
40代 営業部門
私の業務も、この技術を活用して効率化／改善できそうだ
30代 管理部門
私の業務知識と新しく身につけたDXに関するリテラシーを掛け合わせて、何か新しいことにチャレンジできそうだ
50代 製造・開発部門
大学時代に学んだデジタルスキルに、業務や顧客の理解を掛け合わせると社会でも活躍できそうだ
20代 新入社員

DXに関するリテラシーを身に着けた人材イメージ（独立行政法人情報処理推進機構「デジタルスキル標準 ver.1.1」2023年8月より引用作成）

そうした理解において大事なのがイメージです。

とくにポジティブなイメージとして、経済産業省が出している『デジタルスキル標準Ver1.1』の一部を紹介しましょう。

この資料は主にＤＸ推進を軸としていますが、ＤＸにはＡＩの活用が欠かせません。両者は切っても切り離せないものだと理解しておいてください。

さて、同レポートではＤＸに関するリテラシーを高めることの重要性を主張しているのですが、そこからもたらされるのがＤＸを〝自分事〟としてとらえる姿勢です。

例えば、会社全体で考えたとき、ＤＸに関するリテラシーを身につけている人材は次のように発想します。

このイメージでは、それぞれの立場からＤＸの必要性を理解し、自分事として日々の業務（行動）に落とし込もうとしているのがわかります。

これはＡＩ活用にも言えることで、個人として理解と行動を推進していくことに加え、会社全体でそれらを推し進めていくことが、ＡＩの導入を確実なものとします。

だからこそ、ＡＩやＤＸを含めてリテラシーの向上が欠かせないのです。

そしてその第一歩は、本書を読んでいるあなた自身の行動にあります。まずは、その自覚を持つことからスタートしていきましょう。

第2章

生成AIとは何か

第二章では、ＡＩの概要について詳しく見ていきます。

そもそもＡＩは「Artificial Intelligence（アーティフィシャル インテリジェンス）」の略称で、日本語では「人工知能」と訳されています。

人間の脳で行っているような作業をコンピューターが行うことによって、自然言語の理解や論理的推論、さらには経験に基づく学習などができる技術の総称ですね。

例えば私たちの身の回りでは、次のようなものにＡＩ技術が活用されています。

・検索エンジン
・スマホの音声応答アプリ
・掃除ロボット
・翻訳
・自動運転
・医療画像診断
・囲碁や将棋などの知的ゲーム
など

生成AIの作成物一例（株式会社フルバリュー研修教材より引用）

そんなＡＩの分野において、近年とくに注目されているのが、序章でも簡単に紹介した「生成ＡＩ」ですね。

おさらいしておくと、生成ＡＩとは「Generative AI：ジェネレーティブＡＩ」とも呼ばれるもので、いろいろなコンテンツを生み出せるのが特徴でした。

例えば生成ＡＩには、次のようなことが可能です。

・あたかも人間のように自然に対話し、作業や回答をする
・画像が学習させたモデルが言語指示によって画像を作る

まさに人間が行ってきたクリエイティブ行為を、ＡＩが行うような感じです。

後ほど紹介しますが、私もＡＩにブログの文章を書いてもらうなど、クリエイティブに近い行為を代行させています。

あるいは最近では、ＡＩに生成させた画像を積極的に用いる事例がネット上で散見されており、見たことがある人も多いと思います。

このように「創造」や「新しいコンテンツの生成」などは、まさに生成ＡＩが得意とするところです。

これまで人間の専売特許とされてきた分野だけに、今後、生成ＡＩがどのような価値や変革をもたらすのか注目されています。

AIの誕生

ＡＩという言葉を最初に使ったのは、米国の計算機科学研究者ジョン・マッカーシーとされています。１９５６年のことでした。

それと関連して、１９５０年代にイギリスの数学者であるアラン・チューリングがＡＩの基本的な概念を提唱したと言われています。

つまり、ＡＩの概念自体は60年以上前にあったということですね。

一方で、それよりはるか昔、それこそ紀元前8世紀に書かれたギリシャの叙事詩「イーリアス」には、人間っぽい生命体が出てくる描写があります。

具体的には、少女の姿をした人工生命体（今で言うＡＩのようなものでしょうか）が、人の気持ちを理解し、創造主を助けるシーンです。

著者のホメロスには、人工的に作られた生命体に知能を宿すことに加え、それらと共生する理想があったのかもしれません。

そう考えると、ＡＩのような発想は大昔からあったということですね。

たとえ想像の産物でしかなかったとしても、想像できるということは、それを生み出せる可能性があるということです。

そこに人間のポテンシャルがあります。

事実、昨今のＡＩブームは、かつて想像することしかできなかったことが現実のものになりつつある現象と言えるかもしれません

なのに現代人（とくに日本人）は、科学や論理を信ずるあまり、そのような想像から生まれたものを軽視する傾向があるように感じます。

せっかく誰もが人工知能を活用できるようになったのに、現実的な制約ばかり気にして

使わない日本の中小企業を見ていると、そう思わざるを得ません。

日本の漫画やアニメにも、想像力豊かな近未来が舞台になっているものがたくさんあります。そこにも、人工知能と思われるものが出てきています。

頭の中で考えることや、その世界に親しむことは、私たちが子供の頃から自然と行っていることなのです。

それが現実になっても受け入れようとしないのが、日本の現状です。

AIブームの変遷

ＡＩは、過去にいくつかの「ブーム」を経てきました。

最初のブームは１９６０年代頃のもので、アメリカやイギリスで起こりました。

当時は迷路やチェスなどのゲームをさせるためにＡＩが開発されており、コンピューターによる「推論」や「探索」が可能になったのですが、私たちの日常生活における問題解決にはそれほど関連していませんでした。

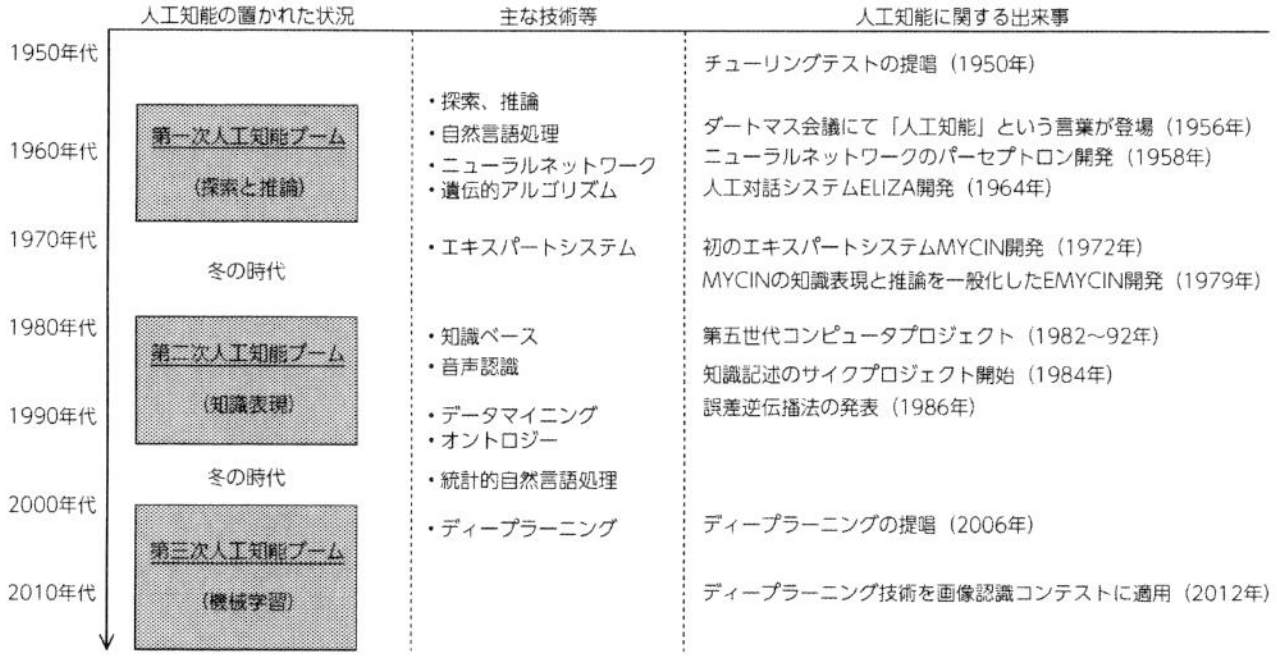

（出典）総務省「ICTの進化が雇用と働き方に及ぼす影響に関する調査研究」（平成28年）

人工知能（AI）の歴史（総務省「ICTの進化が雇用と働き方に及ぼす影響に関する調査研究」平成28年から引用）

そのせいか、ブームは１９７０年代には消えてしまいます。

次のブームは１９８０年代です。

この第二次ＡＩブームでは、コンピューターに「知識」が与えられました。

コンピューターが専門分野の知識を取り込み、専門家と同じように振る舞える「エキスパートシステム」が開発されます。

ただ、コンピューターが自ら情報を収集して蓄積することはできず、活用できる知識は限られていました。

そのため90年代半ばにはこのブームも去ってしまいます。

そして、2000年代から現在まで続いているのが第三次AIブームです。

その特徴をまとめてみましょう。

・大量の情報（ビッグデータ）を用いて、AIが自ら知識を獲得できるようになった（機械学習）
・インターネット上の膨大な情報をAIが習得し、推論できるようになった（ディープラーニング：深層学習）
・これらの進化により、人間の問題を解決するパートナーとしてAIツールが次々に生み出さている

いかがでしょうか。

第一次AIブームと第二次AIブームを受けて、さらなる進化・発展を遂げているのが現代のAIブームであることがわかるかと思います。

その流れで生まれたのが、「ChatGPT」にはじまる画期的な「生成AI」という技術です。

なぜ生成ＡＩは画期的なのか？

ＡＩの中でも、とくに「生成ＡＩ」は画期的です。

その理由は、生成ＡＩツールを使ってみるとよくわかるのですが、簡単に言うと

・（過去のＡＩ研究の発展型である）最先端の技術が、
・誰にでも気軽に簡単に使えて、
・私たちのあらゆる生活をサポート（自動化）してくれる

からです。

ＡＩブームの変遷でも見てきたように、私たちがコンピューターに求めてきたのは、人間のように考えられる機械でした。

「人工知能」という言葉からもわかるように、自ら考える機械を人の手で生み出そうとしてきたのがこれまでのＡＩ研究ですね。

その究極形が、いよいよ近づいてきているのです。

考えてもみてください。

私たちはすでに、コンピューターと自然言語（普段の言葉）で会話することができます。プログラミングもマウスもいりません。

アメリカのオープンＡＩ社が２０２２年にリリースした「ChatGPT」を使ってみると、そのことがよくわかります。

私たちは、他人に話しかけるようにコンピューターに文字を入力すると、相手もまたこちらに話しかけるように言葉を返してくれます。

それはまさに「認識・識別」「分析・推論」の先にある「言葉（テキスト）の生成」であり、長年、人類が実現しようと努力し続けてきたことです。

もちろんまだ発展途上であり、より精度を高めていくことが今後の課題となりますが、実用性は十分にあります。

すでに生成ＡＩは、誰もが使える状況にあります。かつて人々の想像の中にしかなかった世界が今、手を伸ばせばそこにあるのです。

生成ＡＩを使うことで何ができる？

あらためて、生成ＡＩで何ができるのかについてまとめておきましょう。

生成ＡＩが得意とするのはクリエイティブな行為ということでした。具体的には、次のようなことができます。

・画像の生成
・テキストの生成
・動画の生成
・音声の生成

これらのデータ生成をＡＩが担うことによって、私たちの暮らしも大きく変わる可能性があります。

というか、すでに変わりつつあるのです。

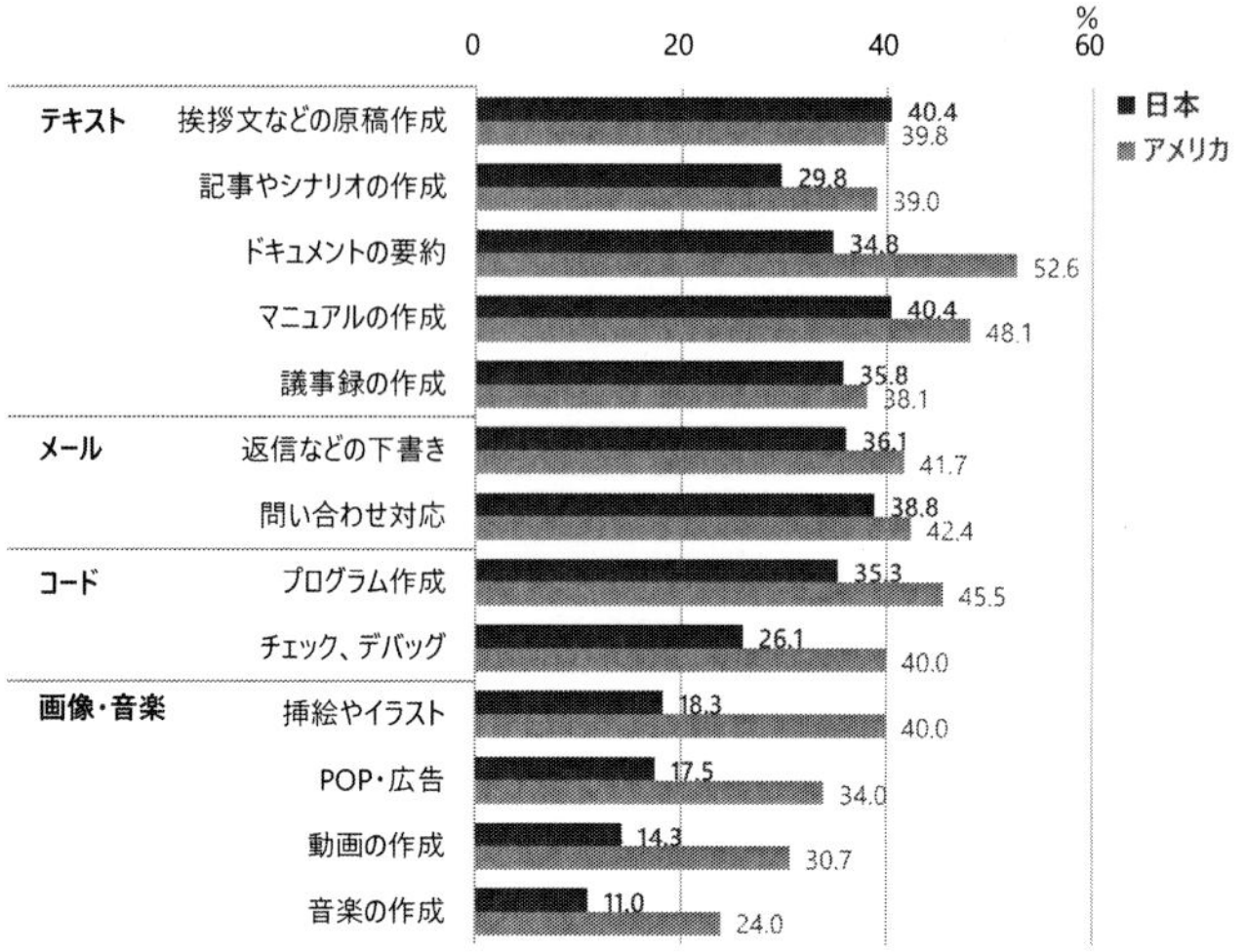

出所）「一般ビジネスパーソン調査の日米比較」（データサイエンティスト協会、2023年8月）
生成AI導入者が対象（日本399サンプル、アメリカ420サンプル）

日米における生成AIの利用内容比較（野村総合研究所　未来創発センター研究レポートVol.10「生成AIで変わる未来の風景」2023年12月から引用）

例えば一般的なビジネスシーンにおいても、「挨拶文の原稿作成」や「ドキュメントのようやく」「プログラムの作成」など、様々な業務を生成ＡＩが代行しているのです。

一方で、日本とアメリカでは使われ方に違いがあり、いかにアメリカが積極的に活用しているのかが見て取れます。

想像してみてください。

日々の議事録作成を生成ＡＩが代行してくれたとしたらどうでしょうか？

あるいは、マニュアルの作成やドキュメントの要約を生成ＡＩが行ってくれたとしたら？

これは未来の話ではありません。すでにそうした作業を代行する生成ＡＩツールは提供されており、誰もが使うことができます。

そうして海外の企業は生産性を高めていけるわけですね。

今後、さらに便利なツールが次々に登場してくると思われますが、使わないのは本当にもったいないと思います。

生成ＡＩがもたらすインパクトとは

生成ＡＩがもたらすインパクトは、この先、あらゆる業種・業態・業界に広がっていくと思われます。

それはすなわち、私たちの仕事が変わるということであり、経営的な目線で言うと、ビジネスそのものが変わるということです。

仕事もビジネスも変わるとしたら、それは私たちの暮らしが変わるということです。社会全体の変化ですね。

それだけのインパクトを生成ＡＩは秘めているのです。

例えば「生成ＡＩにできること」をセールス業務に置き換えてみましょう。生成ＡＩには、次のようなことが可能です。

・顧客情報の分析

顧客の購買履歴や行動データなどを分析し、顧客のニーズをより深く理解することができる。

・最適な提案の自動化

顧客のニーズに合致した商品やサービスを自動的に提案することができる。

・リードの創出・育成

潜在顧客を自動的に発見し、育成することができる。

・商談のクロージング率向上

商談の成功率を高めるためのアドバイスを提供することができる。

・アフターフォローの自動化

顧客へのアフターフォローを自動化することができる。

これらの業務は、これまで当然のごとく人間が担ってきたものです。場合によっては、それらの業務を専業としてきた人もいるかもしれません。

「営業事務」や「営業アシスタント」などはまさに、上記のような仕事に従事している人でしょう。

それをＡＩが代行してくれるのですから、仕事の仕方も必然的に変わっていくものと思われます。

今後はさらに、「プレゼン資料の作成」「見積書や契約書の作成」「顧客管理」「商品の受発注」などもＡＩが行うかもしれません。

そのとき人間はどんな仕事に従事するのか。

それを考えることもまた、ＡＩ時代には必要なことです。

仕事が変わり、やるべきことが変わり、生活が変わる。ＡＩのインパクトは、私たちの暮らしの隅々にまでインパクトをもたらします。

生成ＡＩによる変革の兆し

生成ＡＩによる変革の兆しについて、ここでちょっとだけ俯瞰してみましょう。

私たちの暮らしは、すでに生成ＡＩによって変化しています。そしてその変化は、身近なサービスにおいても着々と進んでいます。

例えば、検索エンジンについて考えてみましょう。

パソコンやスマホを日常的に使っている人ならおわかりのように、検索エンジンの中にもすでにＡＩが入り込もうとしています。

事実、検索エンジン最大手のグーグルは独自の生成ＡＩ「Gemini（旧Bard）」を開発し、検索のあり方を変えようとしています。

例えば２０２４年5月に同社が米国で発表した検索機能「ＡＩオーバービュー」は、検索結果に基づいてＡＩがその概要を表示する機能です。

もともとグーグルとしては、検索を中核事業としてきたこともあり、そこにＡＩが入り込むことによってウェブページへの流入が減少するとの懸念がありました。

その結果、広告事業が打撃を受ける可能性があり、そのためＡＩの導入を躊躇してきた過去があります。

そんなグーグルでも、既存のサービスにＡＩを導入せざるを得なくなった状況を鑑みると、いかにＡＩ活用が避けられないのかがわかります。

たとえ自分たちの事業を阻害する要因になったとしても、ＡＩ活用の流れを変えることはできない。

そうした事情が、社会全体に及びつつあるのです。

パソコンやスマホを使っていて、検索をまったくしない人はいませんよね。そうでなくても、似たようなサービスを使っていると、知らず知らずのうちにＡＩの恩恵を受けている可能性があります。

つまり多くの人は、ユーザーとして自然に、ＡＩの波に飲み込まれているのが現状です。

変革というのは、必ずしも劇的でわかりやすい変化を伴うとは限りません。むしろ、私たちの暮らしにジワジワと浸透していく変化もあります。

検索エンジンが生み出される以前は「ググる」という言葉すらありませんでしたが、これからは、ＡＩを活用した検索が当たり前になるかもしれません。

生成ＡＩによって企業活動はどう変化する?

本章の最後に、生成ＡＩが企業の活動にどう影響するのかを、ちょっとだけ掘り下げてみます。

これはもちろん、中小企業を経営している人やそこで働いている人に向けて「このまま使わないのはマズいですよ!」と言うためのものです。

さて、こうしている間にも生成ＡＩは進化を続けているわけですが、その前提のもと、生成ＡＩを導入した企業がどうなるのかを想像してみましょう。

まず、簡単な業務の多くは生成ＡＩが代行することになります。例えば次のような業務です。

・問い合わせメールへの返信（自動返信）
・議事録の作成（会議への出席やメモの作成、要約など）
・業務報告の作成
・レポートの作成

これらはあくまでも一例ですが、すでに生成ＡＩが代行できる業務です。

それによってもたらされるのは「業務の効率化」「コストの削減」「品質の向上」「働き方の改善」など多岐にわたります。

社員目線で考えると、それはすなわち「より生産的な仕事に向かえるようになる！」ということであり、経営者にとっても多大な恩恵がありますよね。

もう少し細かく見てみましょう。

野村総合研究所がまとめた「生成ＡＩで変わる未来の風景」によると、業界別には次の

業界	活用可能性
マーケティング	▪ コピーライティング ▪ 広告クリエイティブ生成 ▪ 顧客フィードバックの解析
製造・物流	▪ ユーザーマニュアルの生成 ▪ 工場の生産計画 ▪ 製品デザインの自動化
IT・ソフトウェア	▪ コード生成 ▪ ドキュメント生成
金融	▪ 投資アドバイザー ▪ 市場の洞察
小売	▪ パーソナライズ提案 ▪ Webサイト設計
営業	▪ 商談サポート ▪ 提案資料の生成 ▪ 提案力強化
法務・人事	▪ 契約書作成・レビュー ▪ 法務Q&Aのセルフサービス ▪ 採用・アサイン支援 ▪ キャリアパス提案

業界別生成AIの活用内容比較（野村総合研究所　未来創発センター研究レポートVol.10「生成AIで変わる未来の風景」2023年12月から引用）

ような生成ＡＩの活用可能性があるようです。

これだけの業務を生成ＡＩが担えるとしたら、「自分たちの業務には関係ないや」とは言っていられないのではないでしょうか。

しかもこれらは、現時点での可能性に過ぎません。

これまでにも様々な角度から見てきたように、生成ＡＩはＡＩの最先端でしかなく、今後も進化・発展は続いていきます。

それこそ、使えば使うほど課題が見えてきて、さらに成長していくことが容易に予想されます。

これは決して他人事ではありません。

若い人ほど、最先端のテクノロジーに敏感なこともあり、生成ＡＩとの親和性も高いはずです。そうした人々が社会に出たとき、企業の対応を見てどう思うでしょうか？

「いやあ、うちは生成ＡＩは導入してないんで」

それを聞いてがっかりした優秀な社員は、自ずと他社に流れていくでしょう。それで本当にいいのでしょうか。

中小企業の経営者や社員の方は、その点をよく考えていただきたいと思います。

第3章

仕事が変わる！

第三章では、生成ＡＩがもたらす変化のうち、とくに私たちの仕事や働き方、企業の活動をどのように変えていくのか見ていきましょう。

前章でも少しだけ取り上げていますが、それをより具体的に、想像しやすいかたちで検討していきます。

あまり手を広げすぎるとイメージしにくいかと思いますので、ここでは大きく〝3つの変化〟について着目していきます。

1. 仕事が変わる
2. 働き方が変わる
3. ビジネスが変わる

これらの変化は主にポジティブなものですが、本章の中盤から後半にかけては、ＡＩに関するネガティブな意見や課題についても掘り下げていきます。

まずは「仕事が変わる」ことについてです。

仕事というのはつまり、生きるために何らかの活動をし、対価としてのお金を得ることですね。

その多くは「誰かのためになること」でしょう。

つまり社会にとって価値のある活動をすることが仕事なのですが、そこにも生成ＡＩの導入による変化があります。

わかりやすいのは、これまで「スキル」と言われてきたものです。

それこそ、パソコンを使ったWordやExcelなどの基本ソフトを使いこなすことも「スキル」ですし、仕事内容を覚えたり技能を習得したりなど、様々な活動ができるようになることも「スキル」です。

そうしたスキルによって、私たちは特定の仕事につき、それによって対価（報酬）を得ているわけですね。

多くの人は企業に勤めている会社員なので、その会社が求めている技能、例えば事務や営業、経理、企画などでそのスキルを発揮しています。

一方で、一般社員だけでなくチームをまとめる部課長や経営を担う幹部など、立場によって求められるスキルも変わってきます。

最近では「リスキリング」という言葉もよく使われており、新しいスキルを学び直すことの重要性がことさらに問われていますよね。

そのように会社から求められるスキルも、生成ＡＩによって変化していくと予想されます。具体的には、生成ＡＩが行える業務については彼らに任せ、その他の新しい業務を人間が担うことになります。

これまでにも見てきたように、代替される業務は多岐にわたりますが、問題は「従来のスキルに甘んじることはできない」「新しいスキルを身につける必要がある」ということです。

単純作業だけでなく、一部の知的業務についてもＡＩが担うようになれば、人間はそれ以外の仕事を模索していかざるを得ないことになるのです。

働き方が変わる！

生成ＡＩによって仕事が変わるということは、私たちの「働き方」も自ずと変化することを意味します。

なぜなら、私たちにはまず日々の活動（何らかの仕事）があって、それに従事するかたちで働き方があるためです。

最近は起業やフリーランス、あるいはギグワーク（雇用関係を結ばない単発・短時間の働き方）なども増えていますが、大半の人は会社に勤めるサラリーマンだと思います。

そのような人にとって、働き方の変化は日々の活動に直結することもあり、無視できない事柄と言えるでしょう。

ここでは、とくに会社員の観点から、仕事がどのように変化していくのかについて見ていきます。


前章では、私たちの様々な仕事が生成ＡＩによって代行されると紹介しました。それによって、人間がやるべき仕事は限られていくことになります。

仕事の内容が変われば、当然、働き方も変わります。

とくに昨今では、「働き方改革」や女性や高齢者の積極的な社会進出など、様々な観点から働き方を変えようとする動きもありますよね。

そのような大きな流れを受けて、さらにテクノロジーの進化・発展により、働き方はどんどん多様化していくと思われます。

この場合の多様化とは、「これまで想像もできなかった働き方が生まれていく」ことも含め、働き方が一律ではなくなっていくということです。

例えば、生成ＡＩが既存の事務作業の多くを担えるようになった場合、会社から求められる仕事の量や勤務時間も変わっていくかもしれません。

その結果として、給料が減ってしまった場合には、別の仕事をする必要があるでしょう。いわゆる「副業」や「複業」と呼ばれるものです。

すでにひとつの会社から報酬を得るスタイルではなく、複数の会社から雇用されて働いている人もたくさんいます。

かつてのように、新卒で就職した会社を定年まで勤め上げ、すべての面倒を見てくれる時代は過去のものになりつつあります。

それは中小企業だけでなく、大企業でも同様です。

そしてその流れが、様々な業務を代行できる生成ＡＩの普及によって加速していく可能性があるのです。

既存の働き方を当たり前だと考えていると、時代に取り残されてしまう恐れがあります。

そしてそれは、すべての人にとって他人事ではありません。

ビジネスが変わる！

3つ目の変化は「ビジネスが変わる」です。

この場合の変化は、経営のあり方や戦略、マーケティングなど、企業を運営するための方針や考え方全体を含みます。

それが生成ＡＩによって大きく変わろうとしています。

そもそもビジネスというのは、ごくシンプルに考えると、何らかの商品やサービスがあってそれを社会に提供することで成り立ちます。

有形・無形の商品・サービスがあるにしても、基本的な事業のカタチはどれも似通っています。

問題は、そこにどうテクノロジーが関連してくるかということです。

わかりやすいのはクリエイティブなビジネスでしょう。

文章や画像や動画など、現代には様々なコンテンツが溢れていますが、それらの制作を生成ＡＩが担うようになれば、当然会社の経営も変わってきます。

従来のように、より良いコンテンツを制作できる人材を獲得したり育成したりするのではなく、むしろ生成ＡＩにコンテンツを作ってもらうために、それらのディレクションや編集ができる人材が求められる可能性があるのです。

そうなると、人材採用や育成の捉え方は変わりますし、社員数や規模感にも影響が及びます。

今後は人を増やすのではなく、ＡＩを使いこなせる少数精鋭型の組織体制を目指す企業も増えていくかもしれません。

あるいは、人と生成ＡＩがタッグを組んで、新しい事業を作り出していくことも考えられますよね。

生成ＡＩが人と同じような仕事を担えるようになれば、それはすなわち「人の採用→生成ＡＩの採用」へとシフトすることに他なりません。

かかる費用がどのくらい変わるのかはわかりませんが、少なくとも人材採用や育成にかかる膨大な経費は縮減できるはずです。

最近では掃除をしたり配達をしたり、あるいは調理や配膳まで担うロボットがいますが、そのように「人＋ロボット」や「人＋ＡＩ」というかたちで起業する人も増えていくと思われます。

そのときに、これまで重視されてきた「ヒト・モノ・カネ・情報」はどうなるのでしょうか。

ビジネスのあり方自体が、ＡＩによって変化を遂げてきています。

ＡＩは人の仕事を奪うのか？

ここまでは生成ＡＩがもたらす変化のうち、「仕事」「働き方」「ビジネス」について見てきました。

ここからは、少しネガティブな要素や今後の課題についてもチェックしていきましょう。

新しいものには常にネガティブな意見が伴いますが、それらをいかに直視して受け止めていくかが、テクノロジーを使いこなすためには重要です。

まずは、「ＡＩは人の仕事を奪うのか」という点についてです。

これは生成ＡＩだけでなく、様々なテクノロジーに対してよく言われることですよね。やはり仕事がとられるというのは、当事者にとって死活問題だからだと思います。

その気持ちもわかるのですが、重要なのは、避けられない世の中の進化・発展にどう対処するのかということです。

そもそも新しい発明や最先端のテクノロジーが人の仕事を奪うことは、これまでにも繰り返して起こっています。

歴史を振り返ってみればわかるのですが、例えば「電話交換手」や「タイピスト」、「代書屋」などはもはや映画の中でしか見ることができず、技術の発展により職業自体がなくなっていきました。

とくに現代は、パソコンやスマートフォンがあれば多くの仕事が自分で完結できることもあり、まさにテクノロジーとともに仕事をしている状態です。

それが生成ＡＩの時代になると、今度は人にしかできないと思われていた仕事についてもテクノロジーが代行するようになります。

それこそ文書を作成する一般事務員やデータ入力係、ウェブライターなどの業務もＡＩが担うようになるでしょう。

また、ＡＩの自動運転が広く普及するようになればタクシーやトラックの運転手などのドライバーも仕事がなくなるかもしれません。

その他にも、清掃員や警備係、お店の店員や受付など、様々な場面でＡＩがその役割を担当するようになります。

これらはあくまでも一例ですが、生成ＡＩがさらに進化・発展することによって、既存の仕事は次々になくなっていくと思われます。

それはＡＩが、人間の仕事（雇用）を奪うことを意味するのでしょうか？

必ずしもそうではありません。

たしかに従来の仕事がなくなるケースもあるのですが、一方で、新しく生まれてくる仕事もあります。

例えば、インストラクターやコーディネーターなど、ＡＩの導入や活用を前提とした業務が生まれてくると考えられます。

あるいは、生成ＡＩが作成したコンテンツを編集したり、その内容が倫理的に問題がないかなどをチェックしたりする職業も必要となります。

その他にも、ＡＩの開発・研究やそれらの技術を活用して事業を行う人、さらにはデータや高度なセキュリティを担う人材もますます必要になっていきます。

このように、ＡＩは人の仕事を奪うのではなく、むしろ新しい仕事に移り変わっていくと考えれば、テクノロジーの進化をより前向きに捉えることができるでしょう。

企業における人材の捉え方も変わる？

「仕事」「働き方」「ビジネス」が変わるということは、企業における「人材」の捉え方にも変化をもたらすことになります。

そしてその変化は、必ずしもポジティブなものとは限らず、むしろ「人材」の見方自体を変えてしまうかもしれません。

例えば、「生成ＡＩを活用すれば多くの仕事ができるので、社員は必要最小限でいい」と考える経営者が出てきてもおかしくないでしょう。

従来は、たくさんの人を採用し、育成することによって企業をどんどん大きくするのが成長・発展の基本形とされていました。

しかし、ＡＩやロボットが人間の仕事を代行できるどころか、人よりも上手にできるとなると、それほど多くの人材は必要ないかもしれません。

とくに日本は労働人口が減少しており、常に人が足りないと言われていますよね。

そうした悩みを解消するために「人の採用」から「テクノロジーの活用」にかじを切る社長が増えてもおかしくないはずです。

それは単なる経費削減ではなく、よりスマートかつ確実にビジネスを前に進めるための戦略的な判断と言えるでしょう。

もっとも、本書で見てきたように日本の中小企業では、そのような発想にはまだ至っていません。

ただそれも時間の問題だと思います。

事実、大企業ではＡＩの活用を積極的に進めているところもあります。検索するとたくさんの事例が出てきますので、興味がある方はチェックしてみてください。

ここで重要なのは、その目的が「省人化・省力化」や「生産性の向上」にあることです。

それはすなわち、必要最小限の人員でより高い成果をあげることに他なりません。

そしてそれが、ＡＩによって可能になると考えられているのです。

大企業にとって「人材」の見方が変われば、その効果はいずれ中小企業にも波及してきます。いずれ日本社会全体に広がっていくでしょう。

そこではじめてＡＩを導入したとして、果たして生き抜くことができるのでしょうか。

生成ＡＩとクリエイティビティについて

コンテンツ制作の現場では、すでに生成ＡＩの活用によって仕事の内容が変化しつつあります。

例えば、絵を描いたり文章を書いたりといった〝特殊な人間の技術〟がなくても、生成ＡＩによって誰にでも簡単にコンテンツを作れるようになりました。

それはすなわち、クリエイティビティに対する理解や認識が自ずと変わっていくということを意味します。

簡単に言うと、才能やスキルに恵まれた人の〝専売特許〟ではなくなるということですね。より一般の人に〝クリエイティブの世界の門戸〟が開かれたわけです。

「コンテンツ・イズ・キング」という言葉もあるように、コンテンツはあらゆる活動にとって重要です。

企業においても、ホームページやオウンドメディア、SNSから動画まで、様々なシーンで自社の情報（コンテンツ）を発信しているかと思います。

それによって周知拡大を図っているわけですが、ネットの世界では面白いものや新しいもの、あるいはインパクトのあるものしか注目されません。

無理に「バズ」や「炎上」を狙う必要はありませんし、企業はそうしたリスクを回避しなければなりませんが、それでも目立たなければ望む成果も得られません。

そこで求められるのがクリエイティビティなのですが、それを生成ＡＩが担ってくれるのであれば、コンテンツ制作における仕事の仕方も変わってきます。

つまり、特殊な人材がコンテンツを作る時代から、普通の人が生成ＡＩとともにコンテンツを作る時代への移行です。

その影響は、文章、画像、動画、音楽など、様々な分野に波及してくると思われます。しかも進化のスピードはどんどん早くなっています。

「クリエイティブな活動をしたい！」と思っていた人にはまさにチャンス到来ですが、一方で、次項で見るような問題点も浮き彫りになってきています。

生成ＡＩの法的・倫理的な問題点と課題

クリエイティブ行為に関連することとして、生成ＡＩには、法的・倫理的な問題や課題があります。

よく言われているのは「プライバシーの侵害」ですね。

個人情報が勝手に使われてしまうケースなどがそうですが、ＡＩにかかわらず、インターネットが普及してからプライバシーへの配慮や個人情報の取り扱いが課題となり続けています。

とくに生成ＡＩでは、その問題が顕著となっているのです。

すでに紹介したように、生成ＡＩは膨大なデータを自ら学習して新しいコンテンツを生み出すのが特徴です。

ただその過程で、インターネット上にある個人情報を収集したり活用したりすれば、できあがったコンテンツがプライバシーを侵害したり個人情報への配慮が欠けていたりする恐れがあるのです。

過去にも個人の承諾を得ていない画像が勝手に使われていたり、生成ＡＩで本人が話しているように作られた動画が拡散されたりなど、問題になりました。

しかもそれらが詐欺的な活動に用いられているケースもあるため、法律の改正も含めて対応が求められています。

一方で「著作権侵害」も懸念されています。

そもそも生成ＡＩが作成したコンテンツには著作権があるのでしょうか？

参考までに、著作権法における「著作物」の定義を紹介しておくと、次のような要件が挙げられています（著作権法第２条第１項第１号）。

「著作物　思想又は感情を創作的に表現したものであつて、文芸、学術、美術又は音楽の範囲に属するものをいう。」

分類すると、「①思想又は感情を」「②創作的に」「③表現したものであって」「④文芸、学術、美術又は音楽の範囲に属するもの」となります。

この定義にあてはまるものが「著作物」として著作権法の対象になるわけです。

では、生成ＡＩによる制作物はどうでしょうか？

これについて、文化庁著作権科が発表している資料「ＡＩと著作権」によると、次のような見解がなされています。

「ＡＩが自律的に生成したものは、「思想又は感情を創作的に表現したもの」ではなく、著作物に該当しないと考えられています。」

つまり、上記の①②③に該当せず、著作権法上の著作物ではないという見解です。

一方で、次のようにも述べられています。

「これに対して、人が思想感情を創作的に表現するための「道具」としてＡＩを使用したものと認められれば、著作物に該当し、ＡＩ利用者が著作者となると考えられます。」

https://www.bunka.go.jp/seisaku/chosakuken/pdf/93903601_01.pdf

ちょっと微妙な判定なのですが、それだけ著作物の判断は難しく、かつ生成ＡＩという最先端のテクノロジーには対応できていないということですね。

このうちＡＩを「道具」として使用したかどうかについては、人の創作意図があり、人が創作的寄与と認められる行為を行ったかによって判断されるようです。

常識の範囲で使用するぶんには、ここまで深掘りして考える必要はありません。

ただ少なくとも、生成ＡＩの活用にはプライバシーの侵害や著作権法など、倫理や法律に関する問題があることは認識しておくようにしましょう。

生成ＡＩと人間はどう共存するべきか

本章の最後に、生成ＡＩと人間はどう共存するべきかについても述べておきます。

これまでにも述べてきたように、ＡＩの進化・発展は誰にも止められません。その流れに抗おうとすること自体、無謀だと思います。

いずれその影響は、すべての人に及んできます。問題は、その現実をどう受け止め、どう対処していくかにあるのです。

その点、生成ＡＩが進化しており、私たちの暮らしを次々に変えている事実から、目をそらすのは得策ではありません。

むしろ、かつて私たちが漫画や映画の世界で想像していた近未来が現実のものになったのだと、喜んで受け入れるべきです。

そのほうが、時代の変化に適応しやすいと思います。

そして本章の前半で見てきたように、仕事、働き方、ビジネスが生成ＡＩによって変わろうとしている今、それらの部分にどう生成ＡＩを導入していくか、あるいは活用していくかが問われています。

難しく考える必要はありません。

使ってみればいいのです。

実際に使ってみて、「これに使えるな」「こういうこともできるかな」「こんな風になればいいな」などと考え、前向きに捉えていけば問題ありません。

事実、私たちはこれまでにも、様々なテクノロジーを受け入れて社会を発展させてきました。

身の回りを見ていただくとわかるように、すでに私たちの手元には常にスマホがあり、いつでもどこでもインターネットに接続できます。

しかしこのスマホすら、90年代に誕生してからまだ30年ほどしか経っておらず、アップル社のｉＰｈｏｎｅに至っては２００７年に初代が発売されています。

それにもかかわらず、私たちはすでに当然のごとく適応しています。それが時代の流れというものです。

ただ残念なのは、日本企業の多くがこの流れにうまく乗れなかったこと。

ものづくり大国と言われる強みを十分に活かしてこられたとは言えませんし、高度経済成長により類まれな発展の歴史は遠い過去のこととなりました。

ＡＩの分野でも、同じことを繰り返すのでしょうか。

活用でも共存でもどちらでも構いません。この流れに乗り遅れないよう、積極的に活用していくことが求められています。

第4章

生成ＡＩの主な種類について

第四章では、生成ＡＩの種類と代表的なツールについて紹介していきます。ぜひ本章の内容を踏まえて、「どんな生成ＡＩツールが活用できそうか？」「それによってどんな効果が得られるのか？」を具体的にイメージしていただければと思います。

とくに本書では、読者が「生成ＡＩを使いはじめること」をひとつの目標としているため、普段の業務ですぐに使えることを重視しました。

すぐに使えるということは、「使い方が想像できること」「使用シーンが明確であること」などが前提となります。

そこで生成ＡＩの種類については、いろいろな分類方法があるうち、「生成ＡＩができる業務サポート」を軸に分けてみたいと思います。

第二章でも「生成ＡＩにできること（作業内容など）」を紹介しているので、それをツールごとに見ていくという感じですね。

具体的には、次のような種類をピックアップしてみました。

・チャットを含む総合的なＡＩサービス

・資料作成
・オンライン会議
・会議支援
・経理

これらの分類は、〝業務に特化したもの〟であるのが特徴です。個別の「作業（文章作成や画像生成など）」だけでなく、普段の「業務（資料作成や議事録作成など）」を意識しているのがポイントです。

その視点があってこそ、生成ＡＩ導入の最初の一歩が踏み出しやすくなりますし、仕事で使うツールというのは本来そういうものであるべきだと思います。

代表的な生成AIツールの紹介

種類について確認した上で、次に代表的な生成ＡＩツールを紹介していきます。

いずれも業務特化型の（パッケージ化されている）ツールなので、すぐに使えて効果を発揮するものばかりです。

初心者の方は、いろいろな生成ツールを探したり情報収集したりするよりも、まずは本章で紹介するものをぜひ使ってみてください。

短期間で業務効率や生産性が改善されること間違いありません。しかもその大半は、無料で使いはじめることができます。

ちなみに、知らず知らずのうちに使っているツールもあるかと思います。

その場合は「ここにも生成ＡＩが入っているんだ！」と意識して、そのつもりで使っていくことが大事です。

生成ＡＩが身近なものになれば、テクノロジーに対する抵抗感も薄れていくと思います。

メニューは次の通りです。

・チャットを含む総合的なＡＩサービス
「ChatGPT（チャットジーピーティー）」
「Gemini（ジェミニ）（旧Google Bard）」

「Microsoft Copilot（コパイロット）」

・資料作成（スライド）

「Gamma（ガンマ）」

「イルシル」

・オンライン会議

「Zoom（ズーム）」

「Google Meet（グーグルミート）」

・会議支援（議事録作成

「tl;dv（ティーエルディーブイ）」

・経理

「Freee（フリー）」

「MoneyForward（マネーフォワード）」

チャットを含む総合的なＡＩサービス

「ChatGPT（チャットジーピーティー）」
https://openAI.com/chatgpt/

ChatGPTは、すでに本書でも何度か出てきたツールです。

２０２２年にOpenAIが公開したもので、わずか２ヶ月ほどで１億人以上のユーザーを獲得し、生成ＡＩブームのさきがけとなりました。

人間のように自然な言語で対話を行えるのが特徴で、大規模言語モデルを活用した「学習済み（新規に学習させる必要がない）」のＡＩとなります。

できることとしては、文章の作成や校正、要約はもちろんのこと、プログラミングやコーディング、翻訳、さらには簡単な資料作成や情報収集なども可能です。

ただし、提供された情報が必ずしも正確かつ最新とは限らないため、ユーザー側で内容をチェックする必要があります。また、入力したデータが学習に使われる場合、機密情報などの取り扱いにも注意が必要です。

本書執筆時点において、GPT-3.5を利用した「ChatGPT-3.5」は、登録さえすればブラウザなどから無料で使うことができます。

一方で、その上位モデルとなるGPT-4.0を利用した「ChatGPT-4.0」は有料で提供されています。こちらは画像や音楽、動画の生成も可能です。

以上がChatGPTの概要になるのですが、同サービスは、２０２３年3月にAPIがリリースされています。

つまり、様々なアプリやサービスにChatGPTの機能を実装できるようになったのです。

これにより、別の生成ＡＩツールを使っているときでも、裏側で動いているのは実はChatGPTだったということが起こります。

これは次に紹介する「Gemini」にも言えることです。

「Gemini（ジェミニ）（旧Bard）」

https://gemini.google.com/?hl=ja

Gemini はグーグルが提供している生成ＡＩサービスです。

同社の生成ＡＩチャットサービスとしては「Bard」が提供されていたのですが、後に「Gemini」としてリブランディングされるかたちで統合されています。

グーグルが提供する生成ＡＩやそれを用いたサービスに共通して使われている名称なので、ちょっとイメージしづらいかもしれませんが、基本は変わりません。

ChatGPTのように文章や画像、動画などを取り込んで、テキストや画像を生成するものと捉えておけば良いでしょう。

グーグルのアカウントを持っている人であれば、誰でも無料版を利用できます。

また有料版の「Gemini Advanced」も提供されており、そちらでは最上位モデルの「Gemini Ultra」が搭載されています。

ちなみにグーグルの発表によると、Gemini Ultra は主要ベンチマークテストでGPT-4を上回っているとされており、性能の高さが証明されています。

Geminiの特徴は、グーグルの他のサービス（GmailやGoogleドキュメントなど）と連携できることです。

ビジネス向けに提供されている「Google Workspace」に追加すれば、それぞれのツール上でGeminiを利用できます（「Gemini Business」（有料））。

さらに、Gemini Businessでは、入力データが学習に使われないことが保証されています。情報漏洩やプライバシー保護の観点で有用なツールであると言えるでしょう。

前述の通り、２０２３年12月からGemini APIも利用できるようになっています。

「Microsoft Copilot（マイクロソフトコパイロット）」

https://www.microsoft.com/ja-jp/microsoft-copilot

「Microsoft Copilot」は、利用者の業務を様々な方向からサポートする、まさに〝ＡＩアシスタント〟のようなツールです。

基本はChatGPTやGeminiと似たようなものと考えてもらえればいいのですが、マイクロソフトならではのサービスも含まれています。

本書執筆時点では無料版と有料版（「Copilot Pro」）が用意されており、それぞれ次のような作業が可能です。

Copilot（無料版）
・テキスト、音声、画像機能を使用したチャット
・ドキュメントやWebページの要約
・Designerでのイメージの作成（旧称Bing Image Creator）
・Webグラウンディング
など

Copilot Pro（有料版）
・ピークタイムでもより迅速に応答。
・より迅速なＡＩ画像作成。
など

Copilot（副操縦士）という言葉にもあるように、単なる対話型の生成ＡＩツールというわけではなく、オフィスソフトをはじめとする各種ツールと連携できるのが強みです。

その点では、グーグルの様々なサービス上で使えるGeminiに近いと言えます。

例えば、Wordでの文書作成やExcelでのデータ調査、さらにはPowerPointでのプレゼン資料作成などが可能です。

また同社が提供する「Bing（検索エンジン）」を利用しており、リアルタイムの情報や最新のWebコンテンツに基づいた回答が期待できます。

ちなみに、混乱するといけないので最後に追加しておくと、Microsoft CopilotはOpenAIのGPT-4を基盤としています。

「どういうこと⁈」と思われるかもしれませんが、サービスとしてはChatGPTと別物でありつつも、技術はOpenAIのものを使っている、ぐらいの理解で良いと思います。

資料作成（スライド）

生成ＡＩが行う業務サポートのうち、ポピュラーなものに「資料作成」があります。

ここでは、資料作成を支援してくれるツールのうち、とくに「スライド（PowerPointなどのプレゼン資料）」の生成に特化したツールを２つ紹介します。

１つはアメリカの会社ですが、もう１つは日本製のサービスとなります。

「Gamma（ガンマ）」

https://gamma.app/

Gammaは、アメリカのスタートアップが開発したサービスです。

プレゼンテーション資料の自動生成に特化しているのが特徴で、利用シーンが具体的に想定しやすいのがオススメするポイントとなります。

私のようにコンサルタントや営業をしている人からすると、資料の作成にはかなりの時間と労力を割かなければならず、「できれば楽をしたい」と考える人も多いと思います。

本来の業務はお客様に対する価値提供であり、資料はそのためのツールでしかありません。だからこそ、その部分を省力化することが重要になります。

Gammaの使い方はカンタンです。

ユーザーは必要な情報（タイトルなど）を入力するだけで、あとは生成ＡＩがプレゼン資料やWebページを作ってくれます。

サイト自体は英語表記なのですが、資料のタイトルや項目の入力には日本語も対応しており、生成される資料も日本語です。

現在は無料版と有料版（プラスプランとプロプラン）が提供されており、クレジットの制限やロゴが入るかどうか、さらには更新履歴の期間などに違いが設けられています。

まずは無料版を使ってみて、良さそうなら有料版を検討すると良いでしょう。

「イルシル」

https://irusiru.jp/

イルシルは日本のベンチャー企業が開発したツールです。

Gamma と同様に生成ＡＩを活用してスライド資料を作成できるのが特徴で、入力したテキストから自動で生成されます。

デザインテンプレートは１０００種類以上と非常に豊富で、自動生成だけでなく、オリジナルで資料を作ることもできます。

スライド作成の流れとしては、大きく「キーワードからスライドを生成（ＡＩを活用）」と「メモからスライドを生成（Google ドキュメントや Word などを活用）」という2つのパターンがあります。

ＡＩを活用するだけでなく、すでにあるメモ等を使ってスライドを作ることもできるので、応用が効くツールと言えそうです。

その他にも、出力機能やカラー、ロゴ、さらには複数人で作業を共有できるワークスペース機能なども用意されており、様々な角度から資料作成をサポートしてくれます。

何より、日本語で使えるというのが安心ですよね。

こうしたツールを上手に使えば、資料を作る時間や労力も削減できますし、わざわざ制作チームに依頼する手間もなくなります。

まずはカンタンな資料を作ってみて、その便利さをぜひ体感してみてください。

オンライン会議

コロナ禍を経て、すでに一般化しつつある「オンライン会議」ですが、そのためのツールにはいくつかの種類があります。

そのうち、広く一般に使われているものの中から、ＡＩ機能も搭載されているツールを2つ紹介します。

すでに何度か使ったことがある方も多いと思いますが、それらのツールにどうＡＩが実装されているのかをチェックしてみてください。

「Zoom（ズーム）」

https://explore.zoom.us/ja/products/meetings/

Zoomはアメリカの「Zoom Video Communications, Inc.」が提供しているサービスです。オンライン会議ツールの中で最もポピュラーなもののひとつとなります。

コロナ禍前は1000万人ほどだったユーザー数も、2020年には2億人を突破し、わずか数ヶ月で20倍に拡大しました。

創業者が中国生まれ（後に米国籍を取得）ということもあり、開発拠点やエンジニアは中華系が多いようですが、会社としてはアメリカのベンチャー企業といった印象です。

あらためて触れる必要はないかもしれませんが、Zoomには録画や画面共有、チャットなど、オンライン会議に必要な機能はひととおり整っています。

加えて、AIアシスタント機能として「Zoom AI Companion」も提供されており、有料ライセンスユーザーであれば無料で使うことができます。

機能としては、レコーディングの分類やミーティングの要約、AIへの質問やメール・ホワイトボードコンテンツ等の生成も可能です。

まさに、オンライン会議をＡＩがサポートしてくれるわけですね。

こうした機能を上手に活用することで、雑務に追われることなく、本来の業務であるアイデアや企画の構想に力を入れることができると思います。

それが会議のクオリティを高めてくれるわけです。

「Google Meet（グーグルミート）」

https://workspace.google.com/intl/ja/products/meet/

Zoomとともによく使われているのが、グーグルが提供する「Google Meet」です。

国内でも、オンライン会議と言えば前述のZoomかGoogle Meetをイメージする方も多いのではないでしょうか。

Google Meetにおける最大の特徴は、やはり「グーグルが提供するサービスである」ことに尽きると思います。

前述のGeminiでも紹介しているように、Google Workspacと連携することによって、複数のサービス横断的にＡＩを活用することができます。

とくにGoogle Meet上での機能としては、背景の作成や翻訳機能などが挙げられますが、今後も様々なサービスが提供されると思われます。

また、このあと紹介する「tl;dv」のように、ZoomやGoogle Meetと連携できる外部の生成AIツールも増えていますので、そういったものを組み合わせて最適な環境を構築するのもオススメです。

一方で、大きな流れとしては、各社がすでに提供しているツール上で生成AIを活用できる仕組みが作られつつあるため、場合によってはよく使うサービスを軸に生成AIツールを選択するという方法もアリだと思います。

会議支援（議事録作成）

オンライン会議ツールそのものに実装しているのではなく、その内容を録画したりテキストに起こしたり、あるいは議事録としてまとめてくれるのが「会議支援（議事録作成）」型の生成AIツールです。

ここでは、とくに私がオススメする「tl;dv（ティーエルディーブイ）」というツールを紹介します。

「tl;dv（ティーエルディーブイ）」

https://tldv.io/ja/

tl;dvは、オンライン会議における議事録の作成を自動化できるツールです。

サービス名称は「too long; didn't view」の略で、「長すぎて観てられない」という意味ですね。議事録を作成する人の率直な意見がサービス名になっているわけです。

本来、議事録を作成するには会議に参加しなければならなかったり、録音してテープ起こしをしたり、あるいは資料をまとめたりする作業が必要となります。

言葉で言うのはカンタンですが、非常に多くの時間と労力を割かなければなりません。

そうした作業が、tl;dvを使うことによって自動化できます。

使い方としては、あらかじめtl;dvをインストールしておいた上で、対応しているオンライン会議ツール（ZoomやGoogle Meetなど）上で起動するだけでOKです。

ちなみにZoomの場合はMac・Windowsともに対応していますが、Google MeetはChromeブラウザ専用となります。

tl;dvがきちんと起動していれば、会議の終了とともに録画データ、会議の要約、文字起こしなどを表示した画面が自動的に開くスタイルです。

tl;dvを使いはじめてからは、私も議事録の作成に悩まされなくなりました。

ちなみにサイトは英語表記になりますが、30カ国以上の言語に対応しており、日本語でも問題なく使用することができます。

基本的な機能は無料で使えますが、録音（録画）やスクリプトのダウンロードは有料の「プロプラン」のみ可能となります。

最初の設定さえしてしまえばカンタンに使えるので、ぜひインストールしてその便利さを体感していただければと思います。

経理

かつては人力で行われていた「経理」などのバックオフィス業務も、テクノロジーの進化によって自動化が進んでいます。

会社や個人事業主の経理を支援するサービスには様々なものがありますが、その中でもＡＩを積極的に活用しているサービスを２つ紹介します。

「freee（フリー）」

https://www.freee.co.jp/

freeeは、日本のクラウド会計ソフトです。

個人事業主から中規模法人まで対応しています。

開発元の「フリー株式会社」では、経理を含めたバックオフィスのリモート化を幅広くサポートしているのが特徴です。

そんなfreeeでは、ＡＩに関する様々な技術を導入することで、サービス内容を充実させています。

一例を挙げると「契約書の内容をＡＩでチェックする」ものがあります。

特定のプランに加入している人だけが使えるサービスになりますが、契約書をアップロードすることで、その内容に関するレビューが得られる機能となります。

もちろんレビューをするのはＡＩです。

その他にも、過去にＡＩによる自動仕訳や月次監査機能をリリースするなど、同社にはＡＩ技術を積極的に活用しようとする姿勢が見られます。

事実、社内にはＡＩに特化した技術を専任する「ＡＩラボ」という部署もあり、今後のさらなるＡＩ活用が期待されています。

「MoneyForward（マネーフォワード）」

https://moneyforward.com/

上記のfreeeと同様に、家計簿アプリやクラウド会計ソフトを提供しているのが

「MoneyForward」です。

こちらも日本の企業が運営するサービスとなります。

個人向け（家計簿アプリ）と法人・個人事業主向け（会計ソフト）があるのですが、会計・経理のサポートという点では同じです。

ＡＩ活用に関しては、例えば契約書をＡＩ－ＯＣＲで読み取る「ＡＩ自動入力機能（β版）」が提供されており、契約台帳の作成・管理業務を自動化することができます（「マネーフォワードクラウド契約」での利用）。

また、「確定申告アプリ」ではＡＩ－ＯＣＲで仕訳することもでき、面倒な確定申告作業を簡易化してくれるサービスもあります。

さらに、SaaS管理プラットフォーム「マネーフォワードAdmina」にＡＩ機能が搭載されるなど、こちらも積極的にＡＩ活用を進めているのがわかります。

以上が私のオススメするＡＩツールの一例になります。

これらはＡＩツールのごく一部でしかありませんが、使い勝手も良く、すぐに効果をもたらしてくれるものばかりです。

すでに使っているツールもあると思いますので、まずは馴染があるものから積極的に活用してみてください。

第5章

生成ＡＩを導入すると企業はどう変わるのか？

最終章となる第五章では、生成ＡＩを活用した企業の事例を紹介します。

冒頭では、まず２つの「よくある失敗パターン」を完結に紹介します。先に失敗パターンを見ておくことで、落とし穴を未然に回避することができるでしょう。

その上で、それをどうすれば改善できるのかを考えていきます。

・よくある失敗事例1
顧客対応を自動化するチャットボットを導入したが、その回答が顧客のニーズを満たしていなかったため利用されなくなり、失敗に終わってしまった。

・よくある失敗事例2
需要予測のために機械学習モデルを開発したが、予測の精度が低いだけでなくデータに誤りがあるなど問題が発覚し、実用性に乏しいことが判明した。


どちらも現場の〝あるある〟な失敗事例です。

では、なぜ失敗してしまったのでしょうか。

失敗事例1に関しては、「そのツールに何ができて何ができないのか？」「どういった効果をいつまでに期待するのか？」などが不明確であり、それを社員と共有できていなかったのが敗因と言えそうです。

失敗事例2についても同様の問題があるのですが、それに加えて、「いきなり難しいことに取り組んでしまった」ことも失敗の原因になっていると思われます。

とくに中小企業の場合、無理に予算をかけてＡＩツールを開発する必要はありません。すでにあるツールの「できること・できないこと」をきちんと把握し、それを社員と共有しながら、現場で少しずつ活用していけばいいのです。

そのようにして効果を実感できるようになると、より発展的な活用も可能となります。中でも重要なのは、現場の社員に「これ、使えるじゃん！」と思ってもらうことです。

ですので、最初のうちは「社員のため」「会社のため」が明確にイメージできるものをチョイスすることをオススメします。

以上を踏まえて、生成ＡＩ導入による成功事例を見ていきましょう。

取り上げるのは３つの事例ですが、それぞれ生成ＡＩ導入による効果がわかりやすく、かつすぐにマネできるものを選びました。

どの事例でもいいので、ぜひ本書の内容を参考にしつつ、御社でも取り入れていただければと思います。

中小企業の成功事例1：
業務効率の改善（議事録作成の自動化）

1つ目はビルの管理やメンテナンスを行っている会社（A社）の事例です。

A社は私の友人が経営している会社なのですが、他の多くの中小企業と同じように、人手不足や生産性の向上が大きな課題となっていました。

そこで、あまり予算をかけずに業務を効率化できる方法を探していたのですが、注目したのは「会議」でした。

会議に無駄が多いというのは、もはや常識かと思います。

リアルの会議であれば、同じ場所にみんなが集まらなければなりませんし、それで何かが決まればいいのですが、何も決まらないということも往々にしてあります。

コミュニケーションという観点からは、膝を突き合わせて会議を行うことも大切なのですが、無駄な部分はできるだけ排除しなければ生産性は向上しません。

中でも社員の時間がとられがちなのは、「議事録の作成」です。

ただでさえ会議に参加していなければならず、しかもその内容を記録したりまとめたりするのには多大な労力が必要となります。

それでA社はどうしたのか？

A社が採用したのは、第四章でも紹介した「tl;dv」です。

tl;dvを導入することで、議事録の作成を自動化し、省力化と効率化を実現するというのが同社の狙いでした。

すでに紹介した通り、tl;dvの由来は「too long; didn't view（長すぎて観てられない）」です。まさにその思いを抱いて導入したわけですね。

結果的に、A社の狙い通りになりました。

会議に参加する時間を仮に1時間とすると、その後のまとめる作業にも1時間、計2時間を議事録の作成にとられていたのが従来です。

それが、tl;dvのおかげでほとんどゼロになったのです。

もし会議が週に1回あったとすると、月に4回、つまり8時間も削減できることになります。半年で48時間、年間では96時間ですね。

社員はより付加価値の高い仕事に専念できるようになり、生産性が向上しています。

中小企業の成功事例2：

人材不足をAIでカバーする（営業のロープレ代行）

次に紹介するのは、営業に力を入れている中小企業（B社）の事例です。

営業はどの会社にも必要な業務ですが、基本的には人員が必要なこともあり、常に人材の確保と育成が課題になります。

大企業など、体力がある会社であれば、たくさんの人を採用して育成し、戦力化することも可能でしょう。

一方で、中小企業の場合は採用できる人の数も限られており、新人を採用できたとしても育成にまでリソースを回すことができません。

B社の場合も、一定の人員を確保することはできても、彼らを育成し、成長させることまでは手が回っていませんでした。

本来であれば、上司や先輩社員がOJTのようなかたちで指導したり、ロールプレイングに付き合ってあげたりすることで高め合うのがベストでしょう。

しかしB社は、上司や先輩社員も自分の仕事をするので精一杯です。それで教育や研修体制が不十分のままだったのです。

そこでB社は、AIの導入を検討しはじめました。

選択したのは、おなじみの「ChatGPT」です。

上司や先輩がロールプレイングに付き合ってくれないのなら、AIをその相手にすればいいという発想ですね。

もちろんＡＩには「いま忙しい」ということがありませんし、いつでもどこでも、嫌な顔をすることなくロールプレイングの相手をしてくれます。

やり方はカンタンで、ChatGPTに「これから営業のロールプレイングをするので顧客の役をしてください」と指示するだけです。

その際に「どのような顧客にするか」「どのような質問をするか」などの条件（プロンプト）は、事前に上司や先輩に決めてもらうと良いでしょう。加えて、営業用のトークスクリプトも用意しておけば万全です。

あとは繰り返し練習するだけです。

練習する過程で、スラスラ言葉が出てくるようにしたり、言い回しを工夫したりなど、試行錯誤することで営業スキルはどんどん高まっていきます。

やがてＢ社では、ChatGPTによる研修の仕組みを構築することに成功しました。

それによって新人営業マンの成績も安定し、人材不足の解消と生産性の向上を同時に実現することができたのです。

中小企業の成功事例3：

生産性の向上（社長ブログの執筆）

最後に紹介するのは、私自身の事例です。

私は様々な方法でＡＩを活用しているのですが、その中でも今回は「社長ブログの作成」事例を取り上げてみていたいと思います。

前提として、スタートアップやベンチャー企業には、より多くの方に自社の存在を知ってもらうことが必須です。

それは中小企業も同じで、あらゆる手段を使って自社の周知拡大を徹底していかなければ、生き残るのは難しいでしょう。

そのために製品やサービスをアピールする「広告戦略」や「マーケティング」も重要なのですが、それとは別に、社長が自ら情報を発信することも大事です。

理由としては、「広告に使える予算が限られているから」「率先してトップ営業をするべきだから」などもそうなのですが、それ以上に、会社を代表している社長の言葉には〝力〟があるからです。

事実、その会社が何を実現しようとしており、どこを目指しているのか、さらにはどのような価値を提供しているのかは、トップにしかわかりません。

それが創業社長であればなおさらでしょう。

会社を船に例えると、社長はその船の船長であり、「どこに向かうのか」「なぜ行くのか」「どうやって行くのか」を内外に示していく必要があるのです。

それによる現実的な効果としては、「競争力の向上」「採用の強化」「従業員との意思統一」など、多岐にわたります。

それだけ社長の言葉には影響力があるということですね。

情報発信のツールは様々ですが、ブログは文字ベースでまとめられることに加え、検索性やアーカイブの観点からも活用すべきでしょう。

私が使っているのは「ｎｏｔｅ」ですが、気軽にはじめられることに加えシンプルなデザインですし、知名度や集客力も問題ありません。

そこに書く内容や画像を、生成ＡＩに支援してもらっています。

一例として「フルバリュー」という社名の由来について書いた記事を全文紹介します。

社名の由来：関わる全ての人々の価値を最大限に引き出す

1．株式会社フルバリューの由来：価値の最大化への飽くなき挑戦

株式会社フルバリューという社名には、関わる全ての人々、社員、お客様、そして社会全体の価値を最大限に引き出したいという私たちの強い思いが込められています。この社名は、単なる言葉の組み合わせではなく、私たちが日々追求する価値観、そして未来への誓いを象徴するものです。

2．なぜ「価値の最大化」なのか？　AIがもたらす無限の可能性

私たちはAIという革新的な技術を最大限に活用することで、人々の可能性を広げ、より豊かな未来を創造できると信じています。例えば、中小企業の皆様がAIを導入することで、業務効率が向上し、新たなビジネスチャンスが生まれるかもしれません。社員一人

ひとりがＡＩを活用することで、より創造的な仕事に挑戦し、自己成長を加速させることができるでしょう。

価値の最大化とは、単に売上や利益を追求するだけでなく、一人ひとりの能力を引き出し、幸福度を高め、そして社会全体に貢献することを意味します。ＡＩの可能性を最大限に引き出すことで、私たちは関わる全ての人々の価値を最大化し、より良い社会を築くことができると確信しています。

3．価値の最大化がもたらすもの：好循環を生み出す力

私が提供できる価値が高まれば、お客様の事業は成長し、社員の皆さんはよりやりがいを感じ、そして社会全体がより豊かになる。これは、単なる理想論ではなく、私たちが日々実感している現実です。

例えば、ある中小企業のお客様は、私たちのＡＩソリューションを導入したことで、業務効率が大幅に向上し、新たな事業展開に成功しました。その結果、社員の皆さんのモチベーションも高まり、より活気あふれる職場へと変化しました。このように、価値の最大化は、関わる全ての人々に良い影響を与え、好循環を生み出す力を持っているのです。

4．フルバリューで働くということ：共に成長し、価値を創造する

フルバリューで働くということは、単に業務をこなすだけでなく、自分の価値を高め、周りの人々を幸せにするという大きな目標に向かって共に歩むことを意味します。私たちは、常に挑戦し、成長し続けることで、関わる全ての人々にとってかけがえのない存在となることを目指しています。

フルバリューは、あなたの才能を最大限に引き出し、成長をサポートする環境を提供します。共に学び、共に挑戦し、共に価値を創造していきましょう。

まとめ

株式会社フルバリューは、関わる全ての人々の価値を最大限に引き出すという壮大なビジョンに向かって、日々挑戦を続けています。このビジョンに共感し、共に成長していきたいという熱い思いを持つ方々と一緒に働けることを、心から楽しみにしています。

いかがでしょうか。

ＡＩが書いたとは思えないほど自然な文章になっているのがおわかりいただけるかと思います。

このように「文字数」や「テーマ」「内容」などの指示を出すだけで、生成ＡＩはブログ記事も問題なく作成してくれます。作成自体は5分もかかりません。

使用するツールは「ChatGPT」でも「Gemini」でも「Microsoft Copilot」でも構いません。実際に使ってみて、よりイメージに近い文章を出力してくれるツールを選択してみましょう。

プロンプトを使えばＡＩ活用のハードルを下げられる

ここまで3つの成功事例を紹介しました。

ＡＩ活用の具体的なイメージがつかめましたでしょうか。

まずは、使用している感じや雰囲気をなんとなくイメージできれば問題ありません。

それでもまだハードルが高いと思われた方のために、ここでちょっとだけアドバイスさせてください。

それは「プロンプト」についてです。

生成ＡＩの時代になり、私たちは自然言語でコンピューターとコミュニケーションがとれるようになりました。

ただ、そうは言っても、コンピューターにどのような言葉で指示を出すのかを考えておかなければ、適切なアウトプットは得られません。

人間同士のコミュニケーションも同じで、ただ「あれをやって」「これをやって」と言うだけでは、相手に正しく伝わるとは限らないでしょう。

部下に対してそのような態度で接していると、任せたい仕事の背景や全体像、つまり本質の部分が伝わらず、いつまで経っても目先の仕事しかしてくれません。

それと同じように、ＡＩに対しても「どう伝えるか」「どう指示を出すか」を検討しておくことが重要なのです。

ただし、難しく考える必要はありません。

プロンプトをゼロから考えなくても、すでにあるものを積極的にパクってきて、必要に応じて改変しつつ使えばいいのです。

例えば、前述の「社長ブログ」で私が使ったプロンプトはこんな感じです。

私の社長ブログを作成するのでライティングを手伝ってください。

私の情報：
私は株式会社フルバリュー代表取締役の吉田です。
メイン事業は中小企業向けのＡＩ活用支援事業です。

条件は下記です。
・２０００文字前後
・タイトル↓リード文↓内容↓まとめの構成
・内容は結論↓理由↓伝えたいことの構成
・見出しの頭には「１．」「２．」「３．」を順番に付ける
・ｗｏｒｄ形式で出力

テーマ：
社名の由来
読んでほしい人：
自社の社員とこれから採用するかもしれない未来の社員
結論：
関わる人や企業の価値を最大化できる企業でありたいという思いで付けた
伝えたいこと：
自分が提供できる価値が高まると、その分だけ周りを幸せにできる。
そうすることで自分の人生も豊かになり幸せの最大値を高め続けることができる。

実際に検索してみるとわかりますが、こうしたプロンプトはネットにたくさんあります。「プロンプト集」のような感じでまとめられているサイトもありますので、あまり固く考えずに、どんどんコピペして使っていきましょう。

プロンプトは「テンプレート」のようなものなので、もしそのまま使ってみて望む結果が得られないのであれば、少しずつ手を加えてみてください。

大事なのは、ＡＩが出力してくれるものの内容です。これは文章だけでなく、画像やプログラミングコードなどにも言えることです。

プロンプトの作成に時間がかかってしまえば本末転倒なので、すでにある優れたプロンプトを積極的に活用していきましょう。

ＡＩは可能性の宝庫

成功事例を通してあらためて思うのは、ＡＩはまさに「可能性の宝庫である」ということです。

可能性には〝良い面〟と〝悪い面〟があります。

どれほど画期的なツールであっても、使用方法が正しくなかったり不十分だったりすると、得られる効果が期待を下回ることがあります。

それで落胆し、使わなくなってしまう人もいるでしょう。

冒頭の失敗事例でも見てきたように、ＡＩについての正しい理解や求める効果がイメージできていないと、「ダメだ」「やっぱり使えない」と投げ出すことになるのです。

けれど本書を読んだあなたは、すでにＡＩの活用方法や求める効果をリアルにイメージできるはずです。

そこからどうすれば業務改善につなげられるのかを考えていけば、ＡＩはポジティブな可能性に満ちていることがおわかりいただけることでしょう。

中には「やっぱりＡＩに仕事を奪われるんだ！」と反応する人もいるかもしれませんが、これまで人間が行っていたタスクを代行してくれるだけでは「仕事を奪う」ことにはなりません。

３つの成功事例を見ていただくとわかるように、彼らが求めていたのは「本当に自分がやるべきことにフォーカスすること」です。

１つ目の事例であれば、ＡＩによって「議事録の作成にとられていた時間を、より生産性の高い仕事にまわす」ことができるでしょう

２つ目の事例であれば、ＡＩによって「上司も部下も、それぞれの顧客と向き合う時間を確保できる」ことになります。

３つ目の事例はまさに、多岐にわたる社長の仕事、つまり経営全般に力を注ぐべく、ＡＩがサポートしてくれることになるのです。

このように、私たちが担うべき本来の仕事は別にあります。そうでない〝作業〟の部分をＡＩが担ってくれるのですから、これは喜ぶべき進化と言えるでしょう。

そして何より、これからは私たちが皆、ＡＩを活用するべくそれらを適切にコントロールする技術をマスターしなければなりません。

そこから新しいスキルが生まれ、新しい仕事も次々に誕生していきます。

アイデア、創造性、コミュニケーション、そして人間と機械とのコラボレーションなど、私たちが担うべき本質的な業務はたくさんあります。

ＡＩを恐れるのではなく、ＡＩを味方につけて、共に成長していきましょう。

知るだけでは何もはじまらない

「百聞は一見にしかず」という言葉があります。

「100聞く」より、「1見る」ほうがはるかに価値があるということですね。中国の「漢書」を出典とする言葉です。

それと似た言葉に、「百見は一考にしかず」「百考は一行にしかず」「百行は一果にしかず」などもあります。

いずれも、ただ何かを聞く（知る）のではなく、自分の目で見て、行動して、実際に結果を出すことが大事という意味では共通しています。

当たり前のように聞こえるかもしれませんが、それを実践できているかどうかは話が別です。

事実、これだけAIが発展し、開発が進んでいるのにもかかわらず、まだ使ったことがない人や導入していない企業はたくさんあります。

そのような方々も、AIのことは見聞きしているはずです。なのに一歩が踏み出せていないのです。

もちろん、このままでいいと思っているわけではなく、「変わりたいけど変えられない」ということもあると思います。

では、どうすればいいのでしょうか？

重要なのは、認識を変えることだと思います。

情報化社会にあっては、もはや知識に価値はありません。行動して経験を積まなければ何にもなりません。そのことを理解する必要があります。

いくらＡＩの知識があっても、実際に活用できていなければ意味がありません。知識よりも経験の方が重要なのです。

本書においても、知識は重視していません。あくまでも、最終的に使ってもらうことに重きを置いています。

人は経験を通して成長します。

失敗から学び、成功から自信を得るなかで、人は大きく成長していきます。

あなたの成長を促すことのない知識の収集に時間をかけるのはやめましょう。本当に変わりたいのなら、行動して経験を積むしかありません。

生成ＡＩの時代こそ、すべての人が「百聞は一見にしかず」へと立ち返ることが、何よりも重要だと思います。

リスクを避けることがリスクである

最後に、ＡＩの「リスク」についても触れておきましょう。

新しいチャレンジや取り組みには、すべからくリスクが伴います。

これまでとは異なるものを導入したり行ったりするので、予期しない問題やトラブルが発生する可能性は排除できません。

そこで選択肢が分かれてくるのですが、ひとつは「見ないようにする」こと。そしてもうひとつは「とにかく使ってみる」ことですね。

「見ないようにする」人は、目に見えないリスクを恐れているのだと思います。

会社員の方であれば「失敗したらどうしよう」「上司に叱られる」「査定に響くかもしれない」などと考えるケースがそうです。

中には「想像するだけでも恐ろしい……」という人もいるかもしれません。

ただ、よく考えてみてください。

その恐怖は本当に正しいのでしょうか。

失敗事例のようになりたくないと思いますか？

立ち止まって考えてみてください。

失敗事例が失ったものはなんだったのでしょうか。そして、何も得るものがなかったのでしょうか。

実は、失敗事例には続きがあります。

経験を通じ、自分たちがなぜ失敗したのかを振り返ることで、彼らは新たな学びを得られます。そしてそこから、適切なＡＩ活用へと進むことができるのです。

とくに私は、経営者としてもＡＩを推進する立場からも、「リスクを恐れて何もしないことが、実は最も大きなリスクになる」と、声を大にして言いたいと考えています。

その理由については、本書でも様々な角度から述べてきました。

リスクを恐れて行動しないことは、一見安全なように思うかもしれません。しかしその結果、必要な経験積むことができず、〝ジリ貧〟に追い込まれているのが日本の現状です。

変化の激しい時代において、現状維持は衰退に直結します。これ以上、競争力を失ってしまわないためにも、いまこそＡＩを活用すべきではないでしょうか。

おわりに

お疲れ様でした――。

ここまでたどり着いたあなたに、私は心から「お疲れ様でした！」と言いたい気持ちでいっぱいです。

たくさんの文章を読み続けるのは大変だったと思います。でも、それができたあなたなら、ＡＩを使うのは楽勝です。

すでにあなたは、ＡＩ活用における最大の難関（！）をクリアしたと言っても過言ではありません。

もう、恐れるのはやめましょう。

これだけたくさんの活字を読むことに比べたら、ＡＩを使いこなすのなんて、本当にカンタンなことなのです。

そしてあなたは、よくここまで我慢しましたね。

本書を読んでいるあいだ、あなたはＡＩに触れてみたくてウズウズしていたと思いますが、最後までイメージの中でだけその良さを理解していたことでしょう。

まるで最愛の人を思い、眠れない夜を過ごすように……。

さあ、もう我慢する必要はありません。

とりあえず、スタートをきっちゃいましょう！

どれでもいいので、今すぐ生成ＡＩツールのアカウントを作ってみてください。最近のツールは大体5クリックぐらいで作れてしまうので意気込む必要はありません。

アカウントさえ作れば、あとは直感的に操作していけば大丈夫。わからないことがあったらググってみればすぐにわかります。

大事なのは使い慣れることです。

ＡＩの活用法に正解はありません。あなたが使いたいように使ってみれば、それで良いのです。

使えば使うほど、あなたはＡＩを通して、コンピューターとコミュニケーションを取れるようになります。

そうしてあなたの会社にも、自然とＡＩが導入されていくことでしょう。

ＡＩを活用して未来を描く

これからの社会は、ＡＩによってどんどん便利になっていきます。

その流れを止めることは誰にもできません。日本でも世界でも同じことです。

とくに日本の中小企業は、まだＡＩを活用できていない会社が多く、大きな可能性を秘めていると思います。

本来、アメリカもロシアも中国も日本も、「生成ＡＩが使えるようになった」という点では、同じ土俵にいます。スタート地点は同じですし、それこそ「ヨーイ、ドン！」で一斉に走り出しています。

だから、「乗り遅れてしまった！」「もう遅いのではないか……」などとあまり周りのことは考えず、今から走りはじめればいいのです。

もともと日本人には、「ドラえもん」をはじめとする近未来を描くだけの想像力がありますし、またそれを受け入れる感受性もあります。

つまり「こうなったらいいな」に寛容なわけですから、生成ＡＩだってすぐに使いこなせます。

そして、それによってまだまだ成長できるはずです。

それこそ最初の一歩は、「人と話すみたいに、コンピューターとも話してみたい！」でも全然いいのです。

すぐに走りはじめることが、何よりも大切です。

ＡＩ活用という戦略

少子化によって労働力が低下している日本において、中小企業は「来月１０００人採用しよう！」「優秀な人材を獲得しよう！」という戦略をとることができません。

あるいは「時間をかけて育成しよう」というのも難しいですよね。採用にも育成にもお金や人が必要ですし、それでなくても日本は人材不足なのですから。

価値ある技術やサービスがあったとしても、人が少なくなっている今、これまでとは異なる方法を選択しなければ活路は見いだせません。

そのヒントは、すでに目の前にあります。

便利なものは、どんどん使っていくに限ります。

チャンスがあれば、そのチャンスを逃さないように手を伸ばしていくことが、生き残りをかけた中小企業においてはとくに重要でしょう。

ＡＩを積極的に活用していくこと。

その選択ができれば、日本の未来も決して暗くないと思います。少なくとも、私はそう確信しています。

もともと日本人が持っていた想像力や発想力、クリエイティビティのようなものを、このまま衰退させてしまうのではなく、テクノロジーを活用して飛躍的に成長させることができます。

その前提となるが、ＡＩの活用です。

私が会社を創業したのも、日本を、世界に誇れる企業やサービスが生まれる国にするために他なりません。

日本を〝誇りに思える〟国にするために

二十歳になった若者を対象としたアンケートで、「自分がこれから勤める会社が、世界の流れについていけるかどうか心配」という回答がありました。

例えば航空業界で働きたいと思っていても、「日本の航空業界は世界と戦っていけるのだろうか？」と不安になっているのですね。

無理もないことです。

すでに私たちを取り巻くサービスの多くは、アマゾンにしろグーグルにしろ、もちろんChatGPTも海外の企業が生み出しました。

とくに若い人ほど、普段使っているものの多くが海外発になりつつあります。スマホもその中に入っているサービスもみんな海外製です。

アンケートで若者が答えた不安も当然の意見と言えるでしょう。

東大や京大を卒業しても公務員になったり企業に就職したりするのではなく、いきなり起業しようと考える人がいるのも、ＡＩをはじめとする技術革新のせいかもしれません。

テック系のベンチャー企業にお金が集まっているのも同じ流れですよね。

つまり、「大企業に就職することがゴール」という発想はすでになくなり、状況も考え方も皆、時代に合わせて変化しています。

そしてさらに大きな変化が、ＡＩによって起ころうとしています。

今、生まれたばかりの赤ちゃんが、30年後に「日本を誇りに思う」と言えるかどうか。

その瀬戸際に、私たちはいるのです。

ワクワクの連鎖を生み出そう！

ここであらためて、「はじめに」でした問いに戻りましょう。

あなたは本書を読んでみて、
ガッカリしましたか？
それともワクワクしたでしょうか？

もしＡＩが作る未来に少しでもワクワクしたとしたら、あなたは私の友達です。ＡＩが友達であるように、ＡＩが作る未来にワクワクできる人もまた友達です。

私たちは、ワクワクするような未来を一緒に作っていく同士です。年齢、性別、国籍、どんな事業をしていてもそれは変わりません。

誇れる日本を築いていくために、共に頑張っていきましょう。

もちろん、私の会社で一緒に未来を変えていきたいという人は、ぜひ弊社にジョインしてください。いつでも歓迎します。


最後に、ちょっとしたメッセージを。

本書を読み終わった今、ぜひＡＩを使ってみたいとは思っているけれど、できれば背中を押してほしいと考えている人もいるでしょう。

そのような人は、ぜひ私にご連絡ください。

スムーズに最初の一歩を踏み出せるよう、ケツを蹴る……ではなく、伴走させていただきます。

安心してください。

どこかのコンサルタントみたいに、「あとは頑張ってくださいね」なんて言いません。AIを御社に実装し、効果を実感していただくところまできちんとコミットします。「RIZAP」と同じですね。

贅肉が絞り込まれてスマートな肉体になるまで、それこそパーソナルトレーニングのように、丁寧にサポートさせていただきます。

場合によっては強制することもあるかもしれませんが、痛みがあるのは最初だけ。AIを使い始め、その便利さを体験したあとは、もう手放せなくなりますよ。

そのときは「お疲れ様でした」ではなく、「ようこそ」と言いたいですね。

ようこそ、AIが作る新しい世界へ。

これからは、あなたの代わりに、ＡＩが〝結果にコミット〟することでしょう――。

・著者紹介・
吉田 健志（よしだ たけし）

株式会社フルバリュー代表取締役社長。

1986年大阪生まれ。

マーケティング業界でセールスとマーケティングを経験し、創業期のデジタルマーケティング会社にセールスチーム立ち上げから参画。

No.2兼トップセールスとして増収増益に貢献し、社員5人年商1億未満の状態から3年で社員100人年商6億まで伸ばした実績あり。

IT業界以外のデジタル化遅れを感じていたところ、AIの技術進歩に衝撃を受ける。

そんな中、政府がリスキリングに対する支援に力を入れている事を知り、今こそ立ち上がる時だと当社を設立。


インテリぶってるゴリラ直伝！

30分で読める生成AI活用術

2024年9月1日　初版発行

著　　者　吉田 健志
編集協力　山中 勇樹
DTP協力　梅沢 博（アリクイズム）
装丁協力　Woman Creators Bank
発 行 所　株式会社 三恵社
〒462-0056
愛知県名古屋市北区中丸町2-24-1
TEL 052-915-5211　FAX 052-915-5019
URL https://www.sankeisha.com/

ISBNはカバーに記載しております。